Encore merci pour la gentillesse
et la bonne humeur.
Jean Panam.

Grenoble le 20-3-93

Grenoble - le 23 Mars '93.
Pizza avec Andrea, John
Pauline et Quentin.
(Diana - "absente"!)

GW00493102

Collection dirigée par le professeur Roger Brunet,
assisté de Suzanne Agnely et Henri Serres-Cousiné.

© 1977 Librairie Larousse. Dépôt légal 1977-3ᵉ — Nᵒ de série Éditeur 8096.
Imprimé en France par l'imprimerie Jean Didier (Printed in France).
Librairie Larousse (Canada) limitée, propriétaire pour le Canada
des droits d'auteur et des marques de commerce Larousse.
Distributeur exclusif pour le Canada : les Éditions françaises Inc.,
licencié quant aux droits d'auteur et usager inscrit des marques pour le Canada.

Iconographie : tous droits réservés à A. D. A. G. P. et S. P. A. D. E. M.
pour les œuvres artistiques de leurs adhérents, 1977.
ISBN 2-03-013923-8.

beautés de la France

RHÔNE-ALPES

Librairie Larousse
17, rue du Montparnasse, 75006 Paris.

Sommaire

Dans chaque chapitre figure une carte originale de Roger Brunet.

Les numéros entre parenthèses renvoient aux folios placés en bas de page avec les titres abrégés des chapitres (1. Mont Blanc — 2. Vanoise et Oisans — 3. Savoie des lacs 4. Vercors — 5. Lyon et Brou — 6. Beaujolais, vallée du Rhône — 7. Gorges de l'Ardèche).

Le reportage photographique a été réalisé par **Bernard Thomas-Explorer,** à l'exception des photos pp. 1, 7, 8 (haut), 10-11 (haut), G. Rébuffat; pp. 3, 13 (haut), P. Tétrel; pp. 11 (bas), 15 (haut), 16-17 (bas), Marmounier-Cedri p. 14, de Bellabre-Pitch.

Le reportage photographique a été réalisé par **Jean-Paul Ferrero,** à l'exception des photos pp. 1, 3 (haut), Prissette-Pitch; pp. 3 (bas), 12-13 (bas), M.-L. Maylin; pp. 4-5, 9, 15, 19 (bas), Marmounier-Cedri; p. 8, Serraillier-Rapho; p. 14, Bossu-Picat-Fotogram; pp. 18, 19 (haut), P. Tétrel.

Notre couverture :
Bemfortin (Savoie)
Aiguille des Glaciers

Photo : Fotogram

6. Le Beaujolais et la vallée du Rhône

rédigé par Gérald Pechmèze

Le reportage photographique a été réalisé par
Louis-Yves Loirat-C. D. Tétrel,
à l'exception de la photo
pp. 6-7 (haut), Édouard-Studio des Gds-Augustins.

7. Gorges de l'Ardèche et beautés du Vivarais

rédigé par Pierre Minvielle

Le reportage photographique a été réalisé par
Marc Riboud-Magnum,
à l'exception des photos
pp. 8-9 (haut), Peress-Magnum;
pp. 8-9 (bas), 18, P. Tétrel;
p. 14 (haut), Desjardins-Top;
p. 17 (haut), Binois-Pitch.

Rhône-Alpes

RHÔNE-ALPES est sans doute un nom bien approximatif pour la région qu'il désigne; mais pas plus que tant de noms de départements qui nous sont familiers depuis la Révolution, du « Var » aux « Côtes-du-Nord » et au « Rhône » lui-même; et il dit assez bien ce qu'il veut dire : le Rhône et les Alpes dominent, organisent, représentent la région — si, du moins, qui dit Rhône dit Lyon.

C'est la plus puissante des régions françaises, commandée par la première ville de province. Et c'est l'une des plus belles, celle des régions non littorales qui reçoit le plus de touristes — l'Île-de-France mise à part. Puissance et beauté feraient-elles donc bon ménage?

Oui et non.

La puissance attire la population, qui a besoin de détente, donc d'équipements, lesquels attirent d'autres touristes; quand la nature s'y prête, cet effet cumulatif peut aller loin : les stations de ski en ont tiré parti. La puissance se marque par de grands travaux, qui peuvent avoir fort belle allure et mériter la visite : qu'on songe aux multiples grands barrages du fleuve Rhône, où Génissiat, naguère prestigieux, apparaît déjà comme un ancêtre passablement rabougri; qu'on songe aux lacs de barrage, qui ont embelli la montagne bien plus souvent qu'ils ne l'ont « dénaturée », tant les sommets gagnent à être vus deux fois, « reflet compris ». La puissance se voit aussi dans le paysage urbain, qui, de Fourvière ou de la montée de Rabot, ne manque pas de grandeur : Lyon et Grenoble, ce n'est pas rien. La chance veut que ces villes, et leurs suivantes, aient toutes de hauts promontoires d'où elles se laissent découvrir à loisir.

Mais il est vrai que la puissance nuit parfois à l'attrait, et, ce qui est bien plus grave, aux habitants. Qu'on pense aux pollutions de certaines vallées alpestres, comme la Maurienne, et des eaux, Rhône inclus : trop d'usines dangereuses, et qui ne se sont pas souciées d'autrui.

Aussi bien, Rhône-Alpes a d'autres atouts que la puissance, si parfois celle-ci lui nuit : elle a des beautés d'une tout autre origine.

La région est hybride, et d'autant plus qu'elle est étendue. C'est la deuxième de France par la superficie, après Midi-Pyrénées : un énorme domaine de montagnes alpestres, auquel font timidement écho, de l'autre côté d'une large plaine elle-même fort variée, des morceaux du Jura et du Massif central. Lyon surveille l'ensemble, solidement appuyée sur deux autres agglomérations de poids, Grenoble et Saint-Étienne.

Par sa dimension et sa variété, Rhône-Alpes rassemble des lieux uniques et très typés : l'énorme mont Blanc et le tout petit Gerbier-de-Jonc; le sauvage Vivarais et le vert Bugey; les grands lacs savoyards et les changeants étangs dombistes; Brou et le palais du facteur Cheval, ces deux moments du flamboyant. En même temps, par sa position, c'est une région de transition. À califourchon sur d'anciennes frontières stables : le Rhône séparant royaume et empire — riaume et empi, comme disent les bateliers pour droite et gauche; Dauphiné-Savoie, voici à peine plus d'un siècle. Et marche entre Nord et Midi : le vrai Midi commence précisément là où s'arrête Rhône-Alpes; Monsieur Brun est un homme « du Nord », mais l'accent est déjà un peu chantant; et c'est au long du Rhône que le mistral prend force. Du nord au midi, des glaces chamoniardes aux cigales du Tricastin, c'est toute une gamme de climats et de paysages : plusieurs zones à la fois, pour ne pas dire plusieurs continents.

Le tout uni par un grand fleuve, lui-même agrémenté par un vignoble interminable et sans frontières, côtes-du-rhône presque tout au long, beaujolais vers le nord, menant au bourgogne sans en être. Le tout uni par Lyon, dont les hommes et les capitaux ont, en partie, façonné l'histoire, les traditions et même les paysages de Rhône-Alpes : en Dombes comme en Bas-Dauphiné, en Beaujolais comme en Vivarais, par les cultures et l'industrie, par l'invention et la tradition.

Pourtant, l'essentiel sans doute est la montagne, en superficie comme en capacité d'attraction; et cet essentiel échappe à Lyon : Grenoble, à sa taille, Paris, à la sienne, y sont bien plus présents. La plus haute montagne de France, la plus équipée pour les sports d'hiver, la seule réellement équipée pour les sports d'été, et qui n'a pas oublié de mettre en valeur ses eaux : cascades et lacs, sources et thermes — et les casinos qui vont avec. Encore faut-il ne pas réduire la montagne à la Savoie : le Vercors et la Chartreuse, avec leurs extraordinaires murailles et leurs précipices isolant de calmes et plats herbages, le Vivarais avec ses serres sauvages et ses curiosités exceptionnelles — laves du Coiron ou canyon de l'Ardèche —, le Diois et les Baronnies valent de longues promenades.

On y trouvera de très beaux villages, les uns défaits, les autres refaits — comme ce Pérouges que les Lyonnais ont rebichonné. Mais, finalement, la beauté des sites fait un peu oublier les vieilles pierres. Rhône-Alpes n'est pas la région de l'art, si elle a mainte œuvre d'art. A-t-elle été trop longtemps striée de frontières? Ou le sérieux des affaires a-t-il bridé l'imagination artistique? Il y a Brou, sans doute; et Hautecombe; des châteaux partout, mais aucun de première grandeur. De tout, un peu, entre Jules César et la Part-Dieu, mais en un tranquille et discret saupoudrage. Cela repose, et fait retrouver l'échelle humaine, qu'une nature trop prodigue fait parfois oublier.

ROGER BRUNET.

dômes, aiguilles et glaciers
sur fond de neiges éternelles
le mont Blanc

◀ *Promenade autour du mont Blanc :*
le sentier de Planpraz
et la vue sur l'aiguille du Dru.

Le téléphérique du Brévent.
Au fond, les Bossons
et le mont Blanc. ▼

Si les audacieux téléphériques
ouvrent les grands panoramas,
c'est par les sentiers de grande randonnée
que l'on pénètre le mieux
dans l'intimité de la montagne
et que l'on peut découvrir à loisir
les multiples facettes de sa séduction.

◀◀ *Vue de l'aiguille du Moine,*
la mer de Glace :
un torrent figé
qui descend du mont Blanc.

*Le glacier d'Argentière, ▶
vu de l'aiguille
des Grands-Montets.*

*Sous son auvent de pierre,
l'ancien refuge du Couvercle. ▼*

*Les énormes séracs ▶
du glacier des Bossons.*

4. Mont Blanc

Une féerie de rochers,
de pics et de murailles,
et les plus grands glaciers de France :
le massif du Mont-Blanc
a tous les atouts pour séduire
les passionnés de l'alpinisme.

6. Mont Blanc

Une étrange fascination
pousse l'homme à conquérir
ces orgueilleuses citadelles de neige et de roc :
joie de l'effort
et du dépassement de soi,
communion avec la nature,
ivresse de la victoire et de la domination.

La massive pyramide
de l'aiguille Verte,
flanquée de l'aiguillon du Dru.

Varappe ▶
sur l'aiguille du Moine :
descente en rappel.

▲ Sur une épaisse
calotte de neige,
l'ascension de l'arête
du mont Maudit.

▲ Entre les télécabines
de la vallée Blanche,
la dent du Géant.

◄ Moins sportif,
mais plus pratique,
le télésiège.

*Né à la fin du XIXe siècle, favorisé par la création des compagnies de guides,
par le perfectionnement des techniques d'escalade
et par le développement des équipements touristiques,
l'alpinisme reste un sport difficile et exigeant,
mais il est maintenant des façons plus tranquilles d'aborder la montagne.*

Dômes encapuchonnés de neige,
aiguilles altières, dents de roc,
sombres pyramides emmitouflées de blancheur,
chaos colossaux des séracs,
lacs d'azur où se mire la tempête pétrifiée des cimes…
un monde de silence,
d'une beauté à couper le souffle.

Vues du sommet du mont Blanc, ▲
les Aiguilles-Rouges, à gauche,
émergent des brumes
qui noient la vallée de Chamonix.

◄ *Reflétés*
par le lac Blanc,
les grands pics
du massif du Mont-Blanc.

▲ *Au flanc de l'aiguille du Midi,*
cordées descendant
vers le col du Plan.
À droite, les Grandes-Jorasses.

Installé sur son trône bleu roi au milieu des nuages, le mont Blanc est-il — à 4 807 m — le plus haut sommet d'Europe? Oui. Caucase mis à part, bien sûr. Un Caucase qui le bat de plus de 800 m, mais dont personne n'arrive à correctement définir s'il appartient à l'Europe ou s'il est asiatique. C'est si loin!

Logé dans une échancrure de la frontière franco-italienne, entre la Haute-Savoie et le val d'Aoste, notre géant présente deux aspects très différents.

Sur le versant nord, du côté français, il est d'une majesté royale, mais c'est un souverain débonnaire. Drapé de neige, entouré d'une cour de dômes blancs, il n'offre que de rares escarpements rocheux, et sa pente est modérée. Sans être une promenade, son ascension, fort longue, ne présente pas de difficulté majeure d'escalade. Le versant italien est tout autre. Sombre, farouche, hérissé d'éperons et d'aiguilles, c'est une barrière qui exige des talents de grimpeur peu communs.

Cette diversité, cette variété est d'autant plus sensible que le mont Blanc, en définitive, est beaucoup plus qu'un sommet : c'est tout un massif, qui « parle » différemment selon qu'on en fait le tour à pied, par le balcon des sentiers bordés de rhododendrons et de bruyères, qu'on le traverse en enjambant la vallée Blanche à l'intérieur d'une des petites nacelles suspendues entre l'aiguille du Midi et la pointe Helbronner, qu'on se contente de tourner autour de sa masse d'aiguilles enneigées par la route, ou que l'on y pénètre en sportif endurci, sac au dos et piolet au poing, derrière un guide.

Une vallée de renommée internationale

Au pied des cimes, 3 000 m plus bas, une rivière, l'Arve, court au fond d'une vallée fermée, encaissée, longtemps ignorée de la civilisation, la vallée de *Chamonix.* Disons tout de suite que la civilisation s'est bien rattrapée depuis.

Il y a deux cents ans, c'était folie que de s'aventurer en montagne, domaine du diable et des génies malfaisants. Si jamais l'un des paysans du prieuré de Chamouni s'y hasardait pour chercher des cristaux de quartz, pas question qu'il y passe la nuit. Il n'en reviendrait pas, c'était sûr.

Et pourtant, un beau jour de 1786 — au début de juin —, l'un de ces « cristalliers », nommé Jacques Balmat, qui était monté avec d'autres du côté des Grands-Mulets et ne s'était pas entendu avec ses compagnons, s'éloigne, marche seul, perd ses traces, bref, s'égare. La nuit tombe. Orage. Obscurité de poix. Le premier des « bivouacs » dans les neiges du mont Blanc eut lieu ainsi, au Grand Plateau, par la force des choses.

Le lendemain, dans la vallée, on regardait Balmat, intact, comme une bête curieuse. Alors, c'était vrai? On pouvait passer la nuit dans la montagne sans en mourir? La voie du mont Blanc était ouverte, mais c'est seulement quelques semaines plus tard, le 8 août, en compagnie d'un autre Chamoniard, le Dr Paccard, que Jacques Balmat atteignit le sommet jusqu'alors inviolé. Cet exploit eut un grand retentissement, et Balmat dut le rééditer avec d'autres, notamment avec le célèbre naturaliste suisse Horace Bénédict de Saussure. La profession de guide était née. En 1820, les anciens cristalliers fondèrent la Compagnie des guides et, paysans, se transformèrent en grimpeurs. En un peu moins d'un siècle, ils mirent au point les techniques d'une science nouvelle : l'alpinisme.

Quelle date exacte doit-on porter sur le faire-part de naissance des sports de montagne et de neige? Difficile à préciser. Disons qu'elle se situe après 1860. Cette année-là, la Savoie, jusqu'alors italienne, opte par plébiscite pour le rattachement à la France, et Napoléon III et l'impératrice Eugénie font une visite remarquée à Chamonix. Le village au pied du mont Blanc devient vite la capitale des distractions nouvelles.

Au début, on ne s'y rend qu'en été. Puis Chamonix assiste aux premiers pas hésitants des sports d'hiver. L'événement remonte au commencement du siècle. Les élégantes 1900 ont alors une façon toute particulière de «grimper sur les planches» : ce sont les premières skieuses à la mode, et le ski — en compagnie de ses cousine et cousin, la luge et le patin — fait une entrée discrète dans la chronique sportive et mondaine. Vent en poupe, la vogue s'accroît. Après l'héroïque concours international de ski en 1907, Chamonix devient le centre de manifestations prestigieuses. Pour la première fois au monde, des jeux Olympiques d'hiver s'y déroulent en 1924. Nouveaux Jeux d'hiver en 1937. Championnats du monde de ski en 1962. C'est devenu une métropole. Un soleil.

Autour de ce soleil, gravite évidemment tout un système planétaire de stations satellites. Descendons le cours bondissant de l'Arve. Nous traversons *les Bossons,* sous leur fameux glacier, et *Les Houches.* L'été, beaucoup d'alpinistes y passent leurs vacances, ayant adopté ces douceurs champêtres comme bases de départ pour leurs « courses » en montagne. L'hiver, en outre, la célèbre « piste verte » des Houches possède la réputation d'être l'une des plus « sportives » des Alpes. Dans la plaine, à la sortie des gorges de l'Arve, la petite cité industrielle du *Fayet* offre la clef de *Saint-Gervais* qui la domine. Station thermale (on y soigne la peau et les affections des voies respiratoires), Saint-Gervais apparaît surtout comme la capitale du tourisme climatique dans la région et une sorte de paradis d'enfants. Caché au milieu des bois de mélèzes, un torrent bondissant, le fougueux Bon Nant, mène des terrasses ensoleillées de Saint-Gerva

Megève la douce

À Megève, un charme opère. Charme subtil. Charme de fines nuances. Long envoûtement distillé. Mais explique-t-on les charmes? À un chroniqueur qui, un jour, l'interrogeait, l'un des responsables mégévan de l'accueil déclara : « Comment voulez-vous que je vous raconte ce qu'est vraiment Megève, si vous ne faites qu'y passer?... » Il avait raison. Megève garde toute la douceur d'un village, avec un entrain inimitable, une allure, un cœur de grand gamin. On ne visite pas Megève au galop. Ni même au trot. On ne la traverse pas en coup de vent, jetant juste un regard aux vitrines de luxe entre deux carillons de l'horloge, dans le clocher en forme d'oignon vert. Non! Il faut prendre le temps d'y vivre...

C'est que Megève déconcerte. Ceux qui ne la connaissent pas, ceux qui se fient trop vite aux apparences la disent « snob » parce qu'elle est confortablement installée dans ses meubles. Jolis chalets. Beaux hôtels. Quelques palaces. Un altiport bien vivant. Un « palais des sports » enfin adapté au siècle. Golf, club hippique, piscine et patinoires. École de ski importante et connue. Tout est conçu, en effet, pour y mener ce qu'on nomme « la grande vie ». Y compris dans ces boîtes de nuit du centre où la jeunesse ne s'ennuie pas.

Il existe une autre Megève. Tout aussi vivante. Mais très douce, très « vacances d'autrefois ». Une Megève calme, sans histoires et où les estivants vont au cinéma en famille après dîner. L'hiver, c'est la Megève du ski au soleil. L'été, c'est

▲ « Géant débonnaire »,
le mont Blanc
semble veiller de loin
sur Megève.

*Profondément encaissée
entre la chaîne des Aiguilles-Rouges
et le massif du Mont-Blanc,*
▼ *la vallée de Chamonix.*

rs *Les Contamines-Montjoie,* bien nichées entre la haute corniche mont Joly et les grandes calottes enneigées des dômes de Miage, cœur de ce haut Val-Montjoie qui commande toutes les omenades au sud du massif.
De l'autre côté de Chamonix, en remontant l'Arve cette fois, la te traverse le village d'*Argentière,* d'où l'on peut facilement sser jusqu'au « hameau » du *Tour.* Ce sont les stations les plus tes de la région. La réputation d'Argentière repose en partie sur ski d'été. Un téléphérique, celui des Grands-Montets, hisse en et les amateurs jusqu'aux champs de neige, à plus de 3 000 m. -delà d'Argentière, en continuant vers *Vallorcine* et la frontière sse, on bute sur la fin de la vallée : au milieu des alpages et des

clairières de sapins, à *Trélechamp,* on embrasse alors le panorama le plus achevé sur l'enfilade des grands sommets.

Bref, aujourd'hui mondialement connue, Chamonix possède la solide renommée des sanctuaires privilégiés. C'est la Mecque des alpinistes. Et ce n'est pas un hasard si depuis 1922 la cité se nomme très officiellement « Chamonix-Mont-Blanc ». Ainsi, la place du « géant » est-elle bien marquée dans sa destinée. C'est souligner que la montagne est offerte à tous, jeunes et moins jeunes, grimpeurs ou touristes. Il suffit d'ouvrir les yeux.

Notons d'abord deux « décors » à ne pas manquer. Ils ont à peu près la même valeur symbolique que la tour Eiffel et l'Arc de triomphe. Impossible de rentrer chez soi en affirmant les avoir ignorés : on ne

celle des promenades, sac au dos, sous l'œil des vaches, dans les petits sentiers au milieu des fleurs mauves à clochettes. Pas de moteurs. C'est le chemin de *Rochebrune*. C'est la lente montée vers le *mont Joly*, à travers les alpages du *mont d'Arbois*. Pour les bons marcheurs également, c'est la promenade en corniche qui mène de Rochebrune au *col de Véry*, en passant par le vieux chalet de montagne de *l'Alpette*. Et puis *Combloux*, autre village charmant, est à côté. Pourquoi s'y rendre par la route encombrée? Pourquoi ne pas suivre le sentier à flanc de coteau, par Vauvray et Ormaret?

Megève, au fond, c'est « une grande fille toute simple »… ∎

De haut Chablais en Faucigny

À mi-distance d'Évian et de Chamonix, entre le lac Léman et le massif du Mont-Blanc, *Morzine* est le centre touristique de la région pastorale et forestière du haut Chablais. Entourée d'alpages et de vallées boisées, elle forme, avec la petite station familiale de *Montriond* et celle, très en vogue, d'*Avoriaz*, un solide ensemble touristique. Le téléphérique du Plenay débouche sur un admirable panorama : lac Léman d'un côté, chaîne des Aravis et massif du Mont-Blanc de l'autre. Celui de Nyon vous élève à plus de 2 000 m d'altitude, et celui d'Avoriaz, le plus rapide du monde, vous fait à la fois découvrir une architecture futuriste, immeubles à angles vifs, habillés de tuiles de séquoia, et cette chapelle de pierre en forme de proue, couverte de lauzes, élevée à la mémoire des déportés de la dernière guerre. On peut redescendre à Morzine par la route, en admirant au passage la cascade d'Ardent et en se promenant sous les arbres, autour du charmant lac de Montriond, sur lequel l'estivant canote au pied de falaises escarpées.

Les Gets, tout proches, sont déjà dans le Faucigny, massif calcaire aux crêtes aiguës et aux parois tourmentées qui font le bonheur des alpinistes. C'est une station de sports d'hiver en plein essor, dont les pistes ensoleillées, aux pentes régulières, conviennent à ceux qui, tout en aimant le ski, ne sont pas pour autant de fins champions.

Taninges, sur le Foron, est une ville industrielle, mais de pittoresques maisons à auvent bordent le torrent qu'enjambe un vieux pont en dos d'âne; le site, à la sortie d'un défilé, est joli, et la chartreuse de Mélan possède un bien beau cloître.

À *Samoëns*, dans la vallée du Giffre, on retrouve l'ambiance des stations de sports d'hiver, mais aussi le charme d'un gros bourg savoyard, longtemps réputé pour ses maçons et ses tailleurs de pierre. La grande place, avec sa vieille halle, sa fontaine, ses énormes tilleuls centenaires, ne manque pas d'agrément. La grosse tour carrée de l'église date du XIIᵉ siècle. Le « jardin alpin » abrite des plantes montagnardes du monde entier. Un formidable éperon rocheux, le Criou, surplombe l'agglomération, pain de sucre quasi vertical dans un cadre imposant de montagnes solitaires.

Les hardis aménagements des trois pitons de l'aiguille du Midi permettent de découvrir ▼ *le plus beau des panoramas.*

vous croirait pas. Il s'agit de la mer de Glace, contemplée de la terrasse du Montenvers, et de l'ascension en téléphérique de l'aiguille du Midi.

Deux tableaux fameux

Depuis sa « découverte », en 1741, par deux valeureux « explorateurs » anglais, Windham et Pococke, la mer de Glace demeure l'attraction numéro un de la vallée de Chamonix. On n'y échappe pas.

Comment se rendre au Montenvers? Il faut en prendre son parti : les mulets de jadis sont à la retraite. Le pittoresque y perd.

Naturellement, les vrais amateurs montent à pied. Est-il besoin de préciser qu'ils sont une minorité? Courageusement, ils grimpent par le sentier à flanc de montagne, dans la forêt. Un sentier facile. Large, d'une pente très régulière, il n'a qu'un défaut, c'est d'être un peu fastidieux, car les échappées sur la vallée y sont rares.

On préfère donc généralement prendre les wagons rouges du chemin de fer électrique à crémaillère. Mi-tramway, mi-funiculaire, il hisse sagement sa pleine cargaison de touristes, en faisant retentir son avertisseur à deux tons pour demander aux chercheurs de champignons d'évacuer la voie.

Lorsque ses deux wagons débouchent devant le fameux « tableau », après une triple courbe qui ressemble à un lever de rideau, les plus blasés éprouvent un choc en découvrant la monumentale échine du plus grand glacier de France figé au fond de sa fosse suspendue.

« Je voyais cela plus blanc! » s'étonne parfois un visiteur.

Ce n'est point que la mer de Glace soit « victime de la pollution », comme on l'entend souvent dire, mais les blocs innombrables de la moraine contribuent à cette relative grisaille, véritable piège à lumière. Sous un ciel bleu, en plein soleil, la houle congelée des craquelures, des failles, des fissures — veillée par le donjon isocèle du Dru, berger des neiges au seuil du temple — se pare de couleurs. La fragilité du vert amande, veiné de bleu cristal, s'éparpille alors au milieu des petites taches granitées.

Une certitude : le décor change avec les siècles. Il a évolué depuis les premières descriptions de voyageurs. Aujourd'hui, la mer de Glace apparaît, si l'on ose dire, « à marée basse ». Longue de 5,500 km environ, elle diminue chaque année de 7,50 m en moyenne. Il n'y a pas plus de cent cinquante ans, le moutonnement désordonné des crevasses et des ponts de glace affleurait presque la plate-forme du Montenvers, toutes les lithographies de l'époque en témoignent.

Ce qui n'a pas varié, c'est la toile de fond. La montagne s'y dresse toujours comme la proue d'un navire de haut bord, à la jonction des deux glaciers qu'elle sépare : le glacier du Géant, dont les séracs dévalent de la vallée Blanche, à main droite, et celui de Leschaux, gauche, que domine l'effrayante muraille de la face nord d[es] Grandes-Jorasses. C'est dans cette fascination lointaine que se sit[ue] vertigineux, l'éperon Walker, l'une des plus redoutables difficult[és] alpines, dont Ricardo Cassin triompha en 1938, et que Walter Bona[tti]

Par les étroites gorges des Tines, dans lesquelles le Giffre bouillonne furieusement à 35 m de profondeur, on atteint *Sixt*, dont les maisons se serrent autour d'une ancienne abbaye (l'un de ses bâtiments est occupé par un hôtel, symbole de l'emprise du tourisme sur la région).

Au-delà du village, on pénètre dans un monde de forêts et de cascades, dominé par le sommet pyramidal du Tenneverge. Là, au bord de la route qui forme une boucle, vous attend la merveille du Faucigny, le majestueux *cirque du Fer-à-Cheval*. Une formidable muraille de quelque 600 m de hauteur, déployée en hémicycle sur 4 à 5 km, s'appuie aux pentes ravinées du Tenneverge. Ses parois sont zébrées d'argent par une trentaine de cascades issues des glaciers accrochés en surplomb,

▲ *L'architecture moderne d'Avoriaz, importante station de sports d'hiver du haut Chablais.*

à près de 3 000 m d'altitude, et toutes ces eaux bondissantes font entendre un grondement continu qui ajoute à la majestueuse grandeur du site. Ce sont les grandes orgues des Alpes. ■

Le tunnel sous le mont Blanc victime du désastre de Sedan

Prévu dès 1787 par le célèbre naturaliste genevois Horace Bénédict de Saussure (compagnon helvétique du Chamoniard Jacques Balmat dans l'ascension du premier sommet d'Europe), le tunnel fit longtemps figure de « serpent de mer » politico-géographique. Dès 1860, Napoléon III promet aux Savoyards une « galerie ferroviaire » entre Chamonix et Courmayeur si la

Vus du col des Montets, les pointes acérées des aiguilles de Chamonix ▼ *et le mont Blanc.*

puis René Desmaison un mois plus tard escaladèrent en plein hiver. Pointe Walker, pointe Whymper et pointe Croz, côtes démesurées et squelettiques sur le corps de loup blanc des Grandes-Jorasses.

Et le mont Blanc?

De la terrasse du Montenvers, on ne le voit pas. Caché par les aiguilles, il joue le rôle invisible de l'Arlésienne. Néanmoins, il est partout présent. Aux étalages des marchands de souvenirs, de baromètres et de cloches à vaches. Bien entendu, les amateurs de fraîcheur naturelle n'oublient pas de descendre sur le glacier, moins pour s'y livrer aux joies robustes de l'école de glace que pour visiter la grotte artificielle creusée chaque année à l'intérieur de la masse figée. Il y a là tout un appartement : cuisine, salle à manger et chambre à coucher, avec un grand lit taillé dans la glace. Pas de locataires, mais beaucoup de visiteurs, dont bon nombre d'imprudents en chemisette, qui grelottent dans cette ambiance polaire.

L'autre attraction, c'est un zoo d'altitude.

« Comment? Une hermine qui n'est pas blanche? s'étonne une dame devant l'un de ces petits carnassiers en pelage d'été. Mais alors, mon col aussi peut changer de couleur? »

Vivent ici, au grand air derrière leur grillage, des mouflons bochards, quelques chamois, un certain nombre d'animaux à fourrure et des rapaces, dont un gypaète barbu, seigneur à monocle jaune et rouge, qu'un os de gigot entier ne fait pas reculer. Ce géant hautain possède un concasseur au vitriol en guise d'estomac...

Dernier conseil. Pour l'amateur de courtes promenades à pied, suggérons — au départ du Montenvers jusqu'au téléphérique du plan

de l'Aiguille — un sentier sans difficulté, en dehors des premiers raidillons assez secs (mais où l'on a l'excuse de prendre son temps et de s'arrêter pour admirer une dernière fois le décor de la mer de Glace). De lacet en lacet, ce sentier conduit sur un petit chemin en corniche, qui mène au plan de l'Aiguille. Là, on trouve un téléphérique pour redescendre en ville. En cours de route, loin de la foule, on profite d'une jolie vue panoramique sur l'autre versant de la vallée de Chamonix, c'est-à-dire sur la pyramide du Brévent et sur l'ensemble du massif des Aiguilles-Rouges. Et, comme on peut aimer d'amour la montagne tout en détestant les efforts inutiles, rien n'empêche de faire la promenade en sens inverse : de la station du plan de l'Aiguille vers le Montenvers, le chemin est tout aussi plat, le paysage tout aussi beau, et les lacets rébarbatifs précédemment évoqués se transforment évidemment en descente...

Toute différente est l'ascension de l'aiguille du Midi. Du piton nord, d'où le regard plonge presque à la verticale sur la vallée de Chamonix, et du piton central, d'où l'on voit la chaîne des Alpes dessiner ses sinusoïdes et ses courbes de fièvre, on ne se contente plus de flirter avec la haute montagne. On débarque d'un coup au cœur du massif, dans les régions supérieures où il n'est pas question de s'aventurer sans un bon chandail, quelle que soit la chaleur en bas, à Chamonix, autour des tables de « la Potinière ».

Inutile aussi de se précipiter. Forcer le pas à 3 800 m, monter l'escalier terminal comme un jeune homme, c'est tenter le diable : le cœur cogne. Mais, tudieu! quel belvédère!

Le téléphérique — le plus haut du monde — quitte la vallée à 1 000 m d'altitude, pour aboutir, en moins d'un quart d'heure, au sommet de l'Aiguille, à 3 790 m, après un transbordement rapide des voyageurs à la station intermédiaire du Plan.

C'est la deuxième partie du trajet la plus impressionnante. Elle se déroule quasiment à la verticale. La cabine et ses 46 passagers se déplacent le long d'un câble de près de 3 km, d'une seule portée. Suspendu au-dessus des grands abîmes de la face nord, on survole des vides de plus de 500 m avant de rejoindre le pylône d'amarrage.

La haute montagne pour tous

Aujourd'hui, il n'est nullement besoin d'être un alpiniste confirmé — ni un « chamois d'or » du ski — pour faire, en haute montagne, une excursion que l'on n'oubliera jamais. C'est tout simple, et une demi-journée d'été y suffit. On prend d'abord un ticket pour le sommet de l'aiguille du Midi. Ensuite, on franchit la vallée Blanche à bord d'une de ces petites télécabines multicolores qui ressemblent à des balles de Ping-Pong et mènent à la pointe Helbronner. De l'autre

▲ *Le tunnel routier du Mont-Blanc*
met Chamonix
à moins d'un quart d'heure
de Courmayeur, en Italie.

Savoie opte pour la France dans le plébiscite. Dix ans plus tard, le second Empire chute à Sedan, et c'est en Suisse, au Saint-Gothard, qu'un tunnel est finalement percé à partir de 1872.

Dans les années 1900, l'ingénieur Arnold Monod s'attelle au vieux rêve. Plusieurs fois il croit aboutir. À la tribune de la Chambre, le ministre des Travaux publics en personne (il s'agit de Louis Barthou, qui sera assassiné aux côtés d'Alexandre de Yougoslavie trente ans plus tard) prend la défense de l'entreprise et attire l'attention du gouvernement sur l'intérêt d'une telle réalisation. Malheureusement, on en reste à ces vœux pieux.

Obstiné, Arnold Monod ébauche un plan. Dans ses grandes lignes, celui-ci ne diffère guère du tracé actuel. En 1907, l'ingénieur constitue un « Syndicat d'étude du tunnel du Mont-Blanc », et une commission se réunit à Rome deux ans plus tard. Va-t-on aboutir? Non. La guerre de 1914 vient ruiner tous ces efforts.

Il faut attendre 1927 pour que l'affaire redémarre. Monod n'a pas renoncé. Son avant-projet reçoit un avis favorable des quatre grands ministères intéressés : Finances, Affaires étrangères, Travaux publics et Guerre. Au début d'octobre 1935, Raoul Dautry, alors conseiller du gouvernement Laval, annonce qu'une concession de travaux va être accordée au groupe franco-italien qui en a fait la demande. C'est gagné!

Mais le destin s'acharne.

Quelques heures à peine après la déclaration de Raoul Dautry, les armées de Mussolini pénètrent en Éthiopie. Crise. Politique des

Sur la neige étincelante
de la vallée Blanche,
descente dans les séracs
▼ *du glacier du Géant.*

côté du glacier, c'est l'Italie. Une douane à franchir et une porte à pousser : un téléphérique italien vous conduit au refuge de Torino, puis jusque dans la vallée. De la Palud ou du petit village d'Entrèves, un car vous ramène — directement ou après un court crochet par Courmayeur — à Chamonix par le tunnel.

Ce pèlerinage au cœur de la cathédrale alpine est d'une beauté à faire rêver. De la gare du téléphérique, sur le piton nord de l'aiguille du Midi, des galeries creusées dans le roc conduisent à plusieurs terrasses, d'où l'on découvre une longue guirlande aérienne de rochers éternellement enneigés, un feston dentelé de cimes, de flèches hérissées, de pointes et d'escarpements : ce sont les aiguilles de Chamonix, légèrement en contrebas. Du piton central, cinquante mètres plus haut, auquel on accède par un ascenseur, le panorama entier des Alpes s'étend à perte de vue, jusqu'aux limites de l'horizon.

Tous les grands sommets sont là. Les impressionnants bastillons du massif d'Argentière : l'aiguille Verte, imposante dans sa réserve et flanquée de ses janissaires, les Drus; les Grandes-Jorasses et le toit torturé des arêtes de Rochefort que termine, doigt pointé vers le ciel, reconnaissable entre mille, le menhir colossal de la dent du Géant.

La grande parade des sommets

Les autres, tous les autres, émergent là-bas d'une brume dorée, à peine bleutée. Le mont Rose aux neuf cimes fondues dans un horizon chaotique, le pain de sucre du Cervin, comme un fanal irréel, les glaces lointaines du Grand-Paradis et du massif de la Tarentaise...

Il faut dire que cette terrasse supérieure du piton central de l'aiguille du Midi est placée sous l'autorité absolue, solennelle, incontestée, du mont Blanc voisin. Un mont Blanc souverain, trônant, comme dans les tableaux d'autrefois, «en majesté» dans ses lourds manteaux à traîne, ses capes d'hermine et ses ors, avec son globe et ses dagues.

Et si le survol de la vallée Blanche à bord des capsules du télésiège fait passer en revue le bataillon de parade des hauts dignitaires et des seigneurs de la Cour (crinoline noire d'infante pour la tour Ronde, fines lames de cimeterre flambant en fantasia autour de la pyramide du Tacul, minaret du Grand-Capucin, etc.), il est bien évident que c'est le mont Blanc qui offre à l'ensemble de ce massif unique sa proportion, son élégance, son harmonie équilibrée et, pour tout dire, son âme.

Nul doute que les quarante minutes de féerie à grand spectacle au-dessus de la vallée Blanche donnent follement envie de participer — directement, cette fois — à ce monde du mont Blanc. De faire

l'effort physique, d'avoir le courage et, surtout, la volonté d[e] pénétrer. D'être initié à un univers qui procure tant de joie.

Un dialogue avec la beauté

Car l'attrait de l'alpinisme — celui du grand grimpeur, de l'acrob[ate] encordé, comme celui, plus modeste, du randonneur confirmé sur [les] sentiers d'altitude — ne se limite pas au goût du sport et de l'eff[ort] gratuit. Il leur ajoute une dimension supplémentaire. Celle de l'acc[ord] avec la nature. Avec l'essentiel de la vie des hommes. Celle d[e la] communion avec la beauté.

Une beauté qui semble n'avoir été conçue que pour l'harmonie [du] corps et du cœur. Et dont on se dit, avec une jubilation sans ég[ale] qu'on l'a bien mérité. C'est pourquoi la marche à pied aut[our] du massif procure des souvenirs de vacances irremplaça[bles]

sanctions. Rupture entre Paris et Rome. Fin du projet. L'ingénieur Monod mourra sans avoir vu les voitures et les camions rouler en file indienne, nuit et jour, dans son tunnel.

Finalement, ce sont les Italiens qui relancent le projet. Après la Seconde Guerre mondiale, en 1946, le dossier est rouvert par un de ces industriels bâtisseurs qui furent à la base du « miracle » économique transalpin : le comte Lora Totino.

Le comte Totino formule une demande officielle de concession. Ne recevant aucune réponse de Paris, il commence — à ses frais — les travaux sur le versant italien. Il a déjà fait creuser une galerie d'une cinquantaine de mètres quand les Français font savoir qu'ils exhument de leurs tiroirs le projet-ludion de l'ingénieur Monod.

Les années qui suivent sont marquées par des empoignades discrètes et passionnées. En 1955, néanmoins, une convention franco-italienne est enfin signée. Comme H. B. de Saussure l'avait rêvé, Chamonix va enfin communiquer par la route avec le val d'Aoste...

Cependant, il est moins dur de vaincre le granite à gros grains que la résistance passive des fonctionnaires. À Paris, la Commission des transports n'en finit pas d'étudier le dossier technique.

Il faudra encore attendre la décision quatre ans. Ce n'est qu'en janvier 1959 (pour les Italiens) et au mois de mai de la même année (du côté des Français) que les ouvriers entament leur patiente marche de taupes vers la frontière. Sous les 3 800 m de roches d'une fabuleuse barrière.

▲ *Au cœur du vieux Chamonix, monument à la gloire du naturaliste genevois H. B. de Saussure et du guide Balmat.*

Le mont Blanc est percé trois ans plus tard. Le 14 août 1962, à 11 h 31, les équipes italienne et française font leur jonction sous terre, se jettent dans les bras l'une de l'autre à la lueur des groupes électrogènes. Un ballet de poussières humides et chaudes, celles de la dernière explosion de mine, danse dans ce qui ressemble vaguement à un premier courant d'air... ■

La fête des guides

Le 15 août est sacré à Chamonix. Aucun guide ne part « en course ». Pas un n'emmène de client sur les sommets. Tous restent au repos dans la vallée. La Compagnie des guides de Chamonix, dont l'indépendance est légendaire (sa création remonte à l'année 1820, ce qui en fait la plus

Ici, il n'est pas question de record. Toutes les combinaisons sont permises, à partir du moment où l'on est décidé à « boucler la boucle ». Qui vous force à marcher comme un bagnard, additionnant les kilomètres avec l'obstination du coureur cycliste? Personne. Lorsqu'on fait le tour du mont Blanc, on n'accomplit aucun exploit, et on doit prendre son temps aux étapes.

Des Houches aux Houches, le tour pédestre du massif demande une bonne dizaine de jours. Mais il y a des circuits allégés, des variantes où le randonneur pressé (si l'espèce existe) peut couper court et revenir à son point de départ sans trop tricher, puisqu'il aura tout de même contourné le mont Blanc comme il se le proposait. En quatre jours, cinq au plus, il aura vu l'essentiel. Et de la Palud, en Italie, par la pointe Helbronner et les cabines du télésiège de la vallée Blanche, il gagnera la vallée de Chamonix.

Ce qu'apporte ce tour du massif à pied?

Le sentiment d'une grande paix, d'abord. Le silence. La sérénité d'un sentier de haute montagne où, certes, tout n'est pas toujours aisé à qui n'a pas l'habitude de l'effort. Car si c'est « à vaches », selon l'expression consacrée, il ne faut tout de même pas s'imaginer que l'on peut s'y lancer comme sur les Champs-Élysées. Le tour du mont Blanc, s'il ne réclame aucune espèce d'acrobatie dans les rochers, n'en demande pas moins un pied sûr et du souffle. Savoir marcher en montagne, et y marcher longtemps. Être équipé en cas d'orage et posséder un minimum d'endurance. Ce point précisé, c'est du « tout bon », comme disent les gens du pays.

Sac au dos sur les sentiers

En montant du village des Houches jusqu'aux alpages du col de Voza par le téléphérique, on a déjà une idée d'ensemble de la chaîne où cascadent les grands glaciers nord, notamment celui des Bossons, qui est un des plus bas d'Europe (les autres sont en Norvège) et descend presque jusqu'aux dernières maisons de la vallée, là où poussent encore des merisiers. Du col, un télésiège et une demi-heure de marche permettent d'atteindre le sommet du Prarion, d'où l'on découvre un remarquable panorama sur les aiguilles de Chamonix, les rochers des Fis, les aiguilles de Varan et la vallée de Montjoie.

La station des *Contamines*, au pied du mont Joly, est calme et accueillante. Pourquoi ne pas y chercher un lit pour ce premier soir?

La deuxième étape est plus musclée. Il faut se hisser jusqu'au col du Bonhomme et, plus haut encore, franchir celui de la Croix-du-Bonhomme, suite naturelle du calvaire précédent, comme son nom l'indique. Sept heures de marche, surtout si l'on a perdu un peu de temps en compagnie des angelots joufflus et des ex-voto du petit sanctuaire baroque de Notre-Dame-de-la-Gorge, et si l'on a rêvé le long du torrent, sur ces larges dalles grises de l'ancienne voie romaine où les légionnaires, leur lance sur l'épaule, devaient pousser quelques soupirs en songeant aux douceurs de la Toscane.

Le mieux, cette fois, c'est de coucher au-delà du deuxième col, soit au refuge, soit au hameau des Chapieux, ancien point stratégique, en imaginant bien qu'on ne va pas y trouver une succursale du Hilton.

Troisième étape. Montée vers les chalets de bergers de Ville-des-Glaciers, où l'on peut trouver fromages et laitages, puis dans les pas d'Hannibal (selon certains historiens) et de ses éléphants alpinistes, vers le col de la Seigne, frontière franco-italienne d'où la vue sur le versant exposé au midi compense bien des fatigues.

Le lendemain, le minitour pédestre tire à sa fin.

Longue descente sur la vallée d'Aoste, face aux sévérités romantiques d'un mont Blanc totalement inattendu. Il ne s'agit plus d'un roi relativement bienveillant. Vu des sentiers italiens en

ancienne du monde), célèbre ce jour-là sa fête annuelle, la manifestation locale la plus importante de l'année.

Bronzés comme des dieux grecs, la corde rouge sur l'épaule, les guides au complet défilent le matin dans les rues au son de la fanfare, sanglés dans leur uniforme à chaussettes de laine bigarrées, leur costume d'apparat.

Tous assistent au coude à coude, sur la place de la petite église, à la bénédiction des piolets, puis — après la photographie traditionnelle du groupe — partent en cortège à travers Chamonix, jeunes et anciens fraternellement mêlés dans le souvenir de ceux qui les ont quittés et dont les noms restent attachés à l'histoire de l'alpinisme : Louis Lachenal, qui fut l'un des vainqueurs de l'Annapūrnā avec Lionel Terray, que ses camarades revoient encore sous son éternel bonnet à bande rouge; Marcel Burnet, qui n'avait que des amis dans la vallée; Fernand Bellin, terriblement rapide; Camille Tournier, véritable sosie de Spencer Tracy; l'infortuné Gérard Devouassoux, disparu dans l'Himalaya où il menait à la conquête d'une des faces de l'Everest une expédition de jeunes guides chamoniards.

Et puis ceux d'autrefois, les « créateurs de dynasties » : les Payot, les Simond, les Couttet, les Demarchi, les Ravanel avec le plus fameux d'entre eux, Joseph, dit « le Rouge »...

L'après-midi du 15 août, les guides de Chamonix font leur démonstration annuelle d'escalade. Devant les estivants qui retiennent leur souffle, les guides vont et

▲ *Aux Gaillands, les guides démontrent leur virtuosité sur le rocher où l'amateur doit faire ses premiers pas.*

Aujourd'hui un voile de givre, demain 1 m de neige,
▼ *Les Contamines-Montjoie.*

corniche, il apparaît lointain, secret, mystérieux, renfermé, inaccessible et prêt à se battre, à lancer sur l'adversaire l'éblouissement de ses larges draperies de glace, suspendues entre les cimes noires et déchiquetées d'un paysage de roc comme on en voit dans les dessins de Victor Hugo ou de Gustave Doré.

L'heure du choix

C'est au soir de cette étape, à Courmayeur, centre touristique du val d'Aoste, où les bons hôtels ne manquent pas, qu'il convient de se décider. Soit rentrer directement à Chamonix par le tunnel, ou par le téléphérique de la pointe Helbronner et de la vallée Blanche, dans cette apothéose de neige et de pics en haute altitude. Soit continuer à pied autour du massif, en remontant vers la Suisse par les petits sentiers muletiers du val Ferret.

Car le paysage a profondément évolué. Il est devenu moins sauvage. Nettement plus humain. On y traverse des prairies ensoleillées, on longe des bosquets de sapins et de mélèzes près desquels se nichent des chalets-jouets, avec leurs éternels pots de géraniums en rang au bord des balcons, tandis que, au-dessus des têtes, là-haut, l'arrière-muraille des Grandes-Jorasses affirme sa souveraineté barbare.

Poursuivre la randonnée demande plusieurs jours. Le chemin passe au pied de la grande chevelure blanche du mont Dolent, beau sommet solide et net, seigneur de la région avec le Triolet, son féal.

C'est du Dolent que rayonnent les trois frontières séparant la France, l'Italie et la Suisse. La montagne en tient l'attelage à 3 800 m, dominant, du côté français, les solitudes lunaires du glacier d'Argentière, lointain sanctuaire montagnard pour initiés.

La seconde partie du tour pédestre du massif, dans son secteur suisse, mène à *Champex*, aimable petite station estivale située dans un site ravissant, au bord d'un lac aux eaux vertes, juste avant une « grimpette » impitoyable (passer de 1 500 m à près de 2 700 en 6 km suppose quelques arrêts pour souffler). La Fenêtre d'Arpette s'ouvre sur le fantastique empilement glaciaire, l'extravagante cascade des séracs du Trient, qu'on ne cesse de longer jusqu'à sa limite extrême, là où l'on retrouve les mélèzes et les pâturages. Une fenêtre d'arpette, soit! Mais cette Mimi Pinson helvétique donne des frissons d'un genre assez spécial.

Ensuite? Rien de plus simple. De la Forclaz, on rentre en France par le col de Balme, où un bon chocolat chaud vous attend à l'auberge frontalière. Le col de Balme, c'est cette barrière verte — blanche en hiver — qui ferme le fond de la vallée de Chamonix, au-dessus du village du Tour que l'on peut gagner par un télésiège. La longue randonnée s'achève. Là-bas, à l'autre bout du massif, le mont Blanc a retrouvé sa rondeur toute-puissante. Il ne reste plus qu'à revenir lentement vers lui par le sentier-balcon qui court le long du plan de Aiguilles-Rouges, l'une des plus belles excursions de la vallée.

De même que, dans les revues à grand spectacle, les vedettes reviennent saluer pour le final avec toute la troupe, les sommets les plus imposants du massif — de l'aiguille Verte et des Drus aux aiguilles de Chamonix, en passant par le glacier d'Argentière et le monumental virage terminal de la mer de Glace — rentrent en scène l'un après l'autre, comme pour rappeler que cette vallée est reine.

Des excursions par brassées

Car cette région du mont Blanc n'est pas seulement le paradis des alpinistes et des randonneurs. C'est aussi l'une des plus riches de France en excursions simples, pour peu que l'on combine la promenade pédestre avec la voiture et l'utilisation rationnelle des moyens mécaniques de remontée qui truffent la montagne.

Tout isolé qu'il soit, le *lac Blanc*, par exemple, n'exige aucun entraînement spécial. Il suffit de grimper à la Flégère par téléphérique, et un sentier sans problème vous conduit jusqu'à petit lac de montagne que les neiges viennent lécher, même l'été. face, toute la chaîne s'étale au soleil.

Le *balcon de Merlet*, au-dessus des Houches, est accessible voiture, au moins partiellement. D'alpages en éperons découve

viennent sur le rocher-école des Gaillands, comme des Yo-Yo. Pendules spectaculaires. Lancements de corde. Assurances « d'en haut » ou « d'en bas ». Descentes en rappel (toujours vigoureusement applaudies). Reconstitution fidèle d'un sauvetage en montagne, quand le « blessé » inerte doit être transporté à dos d'homme. La recette de ce « ballet-spectacle » alimente la (petite) caisse de secours de la compagnie. ■

Une auberge de bout du monde pour un plat en voie de disparition

Il y a des soirées où le mont Blanc, nappé de rose bonbon par le soleil couchant, apparaît sous la forme d'une prodigieuse meringue glacée, nimbée de sauce à la cerise. Sans doute pour rappeler qu'on dîne mieux que correctement dans la plupart des hôtels et des restaurants éparpillés à l'intérieur des « sept vallées »...

Cependant, il n'y a guère qu'un endroit où l'amateur puisse goûter (un soir par semaine en saison) le « farcement » savoyard. C'est dans une auberge de bout du monde, juste avant que la route ne se transforme en chemin de terre pour monter vers le col d'Anterne. Une simple cabane-restaurant au milieu des alpages, où l'on s'éclaire encore à l'ancienne.

À 1 700 m dans la montagne, largement au-dessus de Plaine-Joux et du lac Vert, ce coin perdu s'appelle le Châtelet d'Ayère. Un lieu-dit où n'existe que cette maison.

Le farcement figure rarement au menu des grandes tables « étoilées ». C'est une sorte de couronne de pommes de terre, truffée de pruneaux et de raisins à l'eau-de-vie. On la cuit longtemps au bain-marie, dans un moule spécial bardé de lard et évidé au centre comme pour la confection des savarins, et on l'arrose copieusement avec la sauce d'un bon civet de lapin.

Du solide, certes! Mais l'art du cordon-bleu consiste précisément à rendre aérien ce pudding de pommes de terre où le sel et le sucre font des gammes paysannes, des accords inattendus comme au plus subtil de la cuisine chinoise.

La préparation du farcement réclame de la patience. Les pommes de terre doivent d'abord être finement râpées dans un récipient à l'intérieur duquel on bat les œufs pour obtenir une sorte de pâte. On y ajoute les fruits secs macérés dans l'alcool. Le passage au bain-marie, à lui seul, réclame trois à quatre heures. Et n'oublions pas le civet parallèle!

On a probablement déjà compris qu'il ne s'agissait point d'un plat pour célibataire, ni même pour les couples obsédés par leur régime amaigrissant. En revanche, les belles tablées y trouvent, chaque été, bien du plaisir!

La seule difficulté réside dans l'art de déterminer le jour où les restaurateurs retranchés du monde se décideront à se lancer dans les complications de la haute gastronomie savoyarde. D'où la nécessité de deux expéditions. La première pour prendre rendez-vous avec le farcement, la seconde pour le manger. ■

Reflets d'émeraude parmi les sapins du plateau d'Assy :
▼ *le lac Vert.*

...oudain au sortir d'un sous-bois, le regard embrasse généreusement ...'ensemble du mont Blanc et des aiguilles. Comme sur les cartes ...ostales, les voies royales des glaciers s'échappent vers la vallée, ...mmenses coulées de lave blanche. Autour du chalet-buvette broutent ...n liberté de furtifs chamois, des faons sans inquiétude, quelques ...aims à ramure, tandis que des marmottes dodues comme des moines ...e chauffent sur les pierres ou, debout sur leurs pattes arrière, vous ...oservent du coin de l'œil, vaguement perplexes, prêtes à disparaître ...u premier coup de sifflet de leur guetteur.

...Juste en face, sur l'autre versant de la vallée, *Bellevue* la bien ...ommée est accessible par téléphérique.

...De Servoz, une heure de marche facile vous ouvre le décor d'opéra ...mantique des *gorges de la Diosaz*, aux eaux bouillonnantes, ...multueuses. Un lieu hanté par les fées, c'est certain. Leurs voiles ...euâtres flottent au ras des cascades écumantes, au milieu de rochers ...irs éboulés et de sapins de tragédie.

Comment refuser d'être présenté à la haute montagne, en plein mont Blanc, sans autre effort que de s'asseoir (montagnards, voilez-vous la face!) sur une banquette de tramway? De Saint-Gervais jusqu'au *Nid d'Aigle* (2 386 m), le T. M. B. (Tramway du Mont-Blanc) transporte confortablement le touriste dans le site sauvage du glacier de *Bionnassay*, où roulent comme des balles les rochers qui dégringolent des aiguilles du même nom.

De Saint-Gervais, on peut également faire un saut jusqu'au *Bettex*. Par les cabines rouges du téléphérique, certes. Mais s'y rendre par la route est préférable. Les multiples lacets y offrent sur la chaîne du Mont-Blanc des perspectives d'une richesse étonnamment variée. Le téléphérique? Réservez-le donc pour la dernière étape, entre le Bettex et le *mont d'Arbois*, au-dessus de Megève. Tout le panorama des Fis et des Aravis s'y ouvre en éventail...

C'est également en voiture que l'on monte au *plateau d'Assy*, au-dessus du Fayet, dont les terrasses ensoleillées s'adossent à la

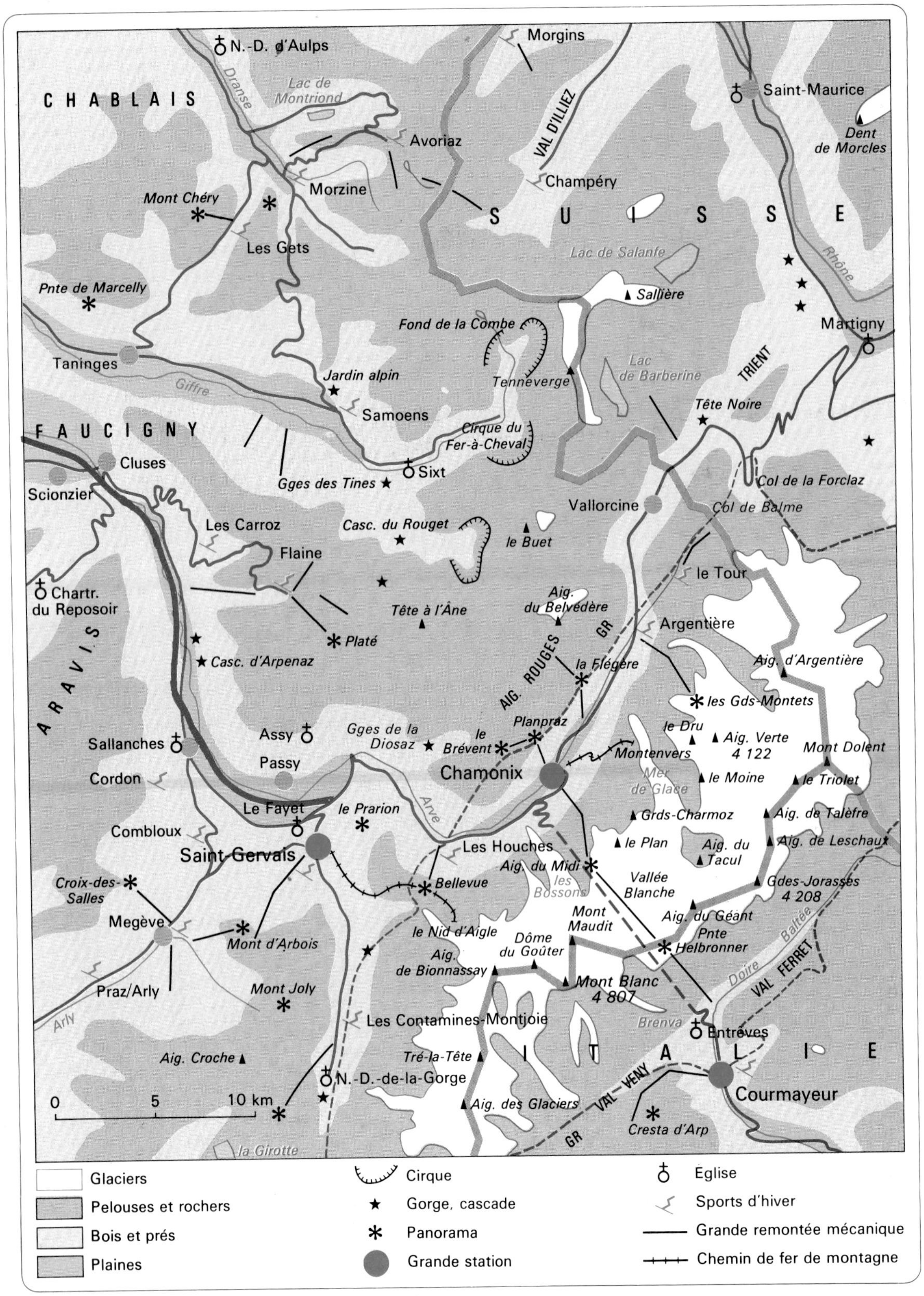

Map labels:

CHABLAIS · N.-D. d'Aulps · Morgins · Saint-Maurice · Dent de Morcles · Lac de Montriond · Avoriaz · VAL D'ILLIEZ · Champéry · SUISSE · Morzine · Mont Chéry · Les Gets · Pnte de Marcelly · Lac de Salanfe · Sallière · Martigny · Rhône · Taninges · Giffre · FAUCIGNY · Fond de la Combe · Jardin alpin · Lac de Barberine · TRIENT · Samoens · Tennéverge · Tête Noire · Cluses · Cirque du Fer-à-Cheval · Col de la Forclaz · Scionzier · Sixt · Gges des Tines · Vallorcine · Col de Balme · Les Carroz · Casc. du Rouget · le Buet · Flaine · le Tour · ARAVIS · Chartr. du Reposoir · Tête à l'Âne · Aig. du Belvédère · Argentière · Platé · AIG. ROUGES · GR · la Flégère · Aig. d'Argentière · Casc. d'Arpenaz · les Gds-Montets · Planpraz · le Dru · Aig. Verte 4 122 · Mont Dolent · Sallanches · Assy · Gges de la Diosaz · le Brévent · Montenvers · le Moine · le Triolet · Passy · Chamonix · Mer de Glace · Grds-Charmoz · Aig. de Talèfre · Cordon · le Plan · Aig. du Tacul · Aig. de Leschaux · Le Fayet · le Prarion · Les Houches · Aig. du Midi · Gdes-Jorasses 4 208 · Combloux · les Bossons · Vallée Blanche · Saint-Gervais · Bellevue · Aig. du Géant · Croix-des-Salles · Mont Maudit · Pnte Helbronner · VAL FERRET · Megève · le Nid d'Aigle · Dôme du Goûter · Doire Baltée · Mont d'Arbois · Aig. de Bionnassay · Mont Blanc 4 807 · Praz/Arly · Mont Joly · Brenva · Entrèves · Aig. Croche · Les Contamines-Montjoie · ITALIE · Tré-la-Tête · N.-D.-de-la-Gorge · Courmayeur · Arly · VAL VENY · Aig. des Glaciers · GR · Cresta d'Arp · la Girotte · Arve

Legend:

Glaciers	Cirque
Pelouses et rochers	Gorge, cascade
Bois et prés	Panorama
Plaines	Grande station

Eglise · Sports d'hiver · Grande remontée mécanique · Chemin de fer de montagne

0   5   10 km

Les refuges du C. A. F.

Au siècle dernier, les courses en haute montagne se faisaient au départ d'un alpage, et le chalet d'un berger accueillant abritait les premiers alpinistes. Mais les bergers se firent de plus en plus rares, alors que les amateurs d'ascensions étaient chaque année plus nombreux, et ce mode d'hébergement devint aléatoire.

Dès le début du XXe siècle, le Club alpin français comprit la nécessité d'assurer la relève, et il entreprit de construire des refuges en moyenne et haute montagne. Les premiers de ces abris, fort rudimentaires, furent de simples cabanes en bois. Les moyens financiers étaient limités. Chaque planche devait être transportée à dos d'homme. Il fallut bientôt agrandir ces modestes abris. Mais c'est seulement après la dernière guerre que deux faits nouveaux modifièrent profondément la conception des refuges : l'aide financière de l'État et l'hélicoptère pour le transport des matériaux.

L'évolution qui s'est opérée est parfaitement illustrée par l'histoire des cinq refuges d'Argentière. Le premier, édifié en 1905, était si sommaire qu'il ne résista pas au premier hiver. Le second, plus solide, fut inauguré en 1907, mais il se révéla bientôt trop petit, et en 1922 il cédait la place à un « somptueux » refuge de 16 places. Douze ans plus tard, celui-ci était remplacé par une construction plus spacieuse, capable d'accueillir 60 alpinistes. Enfin, depuis 1974, un édifice moderne, à deux étages, dispose de 140 places, avec salle commune, cuisine, installations sanitaires, etc.

À l'heure actuelle, le C. A. F. offre à ses membres un réseau de 130 refuges de 10 à 250 places. Une soixantaine d'entre eux sont gardés, et les alpinistes sont assurés d'y trouver un bon feu et un dîner chaud en plus de dortoirs équipés d'un matériel de couchage plus ou moins perfectionné. Dans les autres, il y a toujours un âtre pour cuisiner et de la paille pour dormir. Le plus souvent, ils contiennent une provision de bois et parfois quelques ustensiles ménagers. Dans la plupart des cas, le refuge est construit à proximité d'une source. Avant de se mettre en route, les alpinistes doivent généralement se procurer, auprès du représentant local du C. A. F., la clef du refuge non gardé dans lequel ils ont décidé de passer la nuit, mais certains abris sont ouverts en permanence. ■

---

chaîne des Fis. L'église, Notre-Dame-de-Toute-Grâce, est une des plus représentatives de l'art religieux moderne, le père Couturier et le chanoine Devémy ayant fait appel aux plus grands artistes contemporains pour la décorer. La fresque du baptistère est signée Chagall, les petits autels des bas-côtés ont été peints l'un par Bonnard, l'autre par Matisse, la mosaïque extérieure est de Fernand Léger, et c'est Lurçat qui a conçu la vaste tapisserie du chœur. Les vitraux sont de Rouault et de Bazaine, le Christ du maître-autel — très discuté — est de Germaine Richier; enfin, la crypte a été décorée par Kijno et Marguerite Huré. Le plus beau musée de la région du mont Blanc...

Le Brévent, lui, est atteint par téléphérique depuis Chamonix. Peut-être est-ce de ce sommet que l'on comprend le mieux

l'articulation des cimes et l'enchevêtrement des versants. De sa pointe arrondie, mais à pic sur la vallée de Chamonix, le mont Blanc paraît tout près, à portée de la main. Tout le massif se déploie, du col de Balme aux aiguilles de Bionnassay. À droite, la vue porte jusqu'à la chaîne des Aravis, avec la Pointe-Percée telle une cathédrale avancée, la haute falaise rouge des aiguilles de Varan et les rochers gris fer des Fis, que prolonge la masse nue du désert de Platé, puis les sommets du haut Faucigny que le mont Buet, au nord, rassemble en troupeau et pousse en avant...

À chacun, en somme, le mont Blanc au « cœur innombrable » peut être servi à la carte, sur un menu varié. Ce serait un crime de n'en pas profiter!

hautes cimes
et secrète nature
la Vanoise et l'Oisans

◄ *Hauts sommets*
et neiges éternelles,
la Meije en Oisans.

Le sauvage couloir ▲
creusé par l'Isère,
en aval de Moûtiers.

2. Vanoise et Oisans

▲ *Au bord du lac de Tignes,*
les constructions modernes
du Val Cléret.

◄ *Chalets de pierre*
à toits de schiste grossier,
Le Monal en Tarentaise.

$\mathscr{E}$ncerclée par les profondes vallées
de la Tarentaise et de la Maurienne,
la Vanoise est le domaine de hautes cimes
au pied desquelles se blottissent, ici, de vieux villages
où la vie observe encore des rites séculaires,
là, de jeunes stations à la pointe du tourisme.

▲ *Agile et farouche,*
le chamois
vit retranché
dans les forteresses naturelles
du massif de la Vanoise.

Des crêtes
habillées d'éboulis
et frangées de neige,
des lacs endormis,
des alpages solitaires,
tel est le décor
du premier
de nos parcs nationaux.

▲ *La Grande Casse*
reflétée par
les eaux du lac
du Grand Plan.

4. Vanoise et Oisans

Les bouquetins ▶
sont à l'aise
sur les plus
étroites «vires».

L'edelweiss,
ou étoile-d'argent,
désormais préservé
▼ *d'une cueillette excessive.*

▲ *La marmotte,*
animal des Alpes
par excellence.

Harmonie de couleurs : ▶
la gentiane acaule,
la violette éperonnée
et le silène.

6. Vanoise et Oisans

Sur ces terres d'altitude, fief de l'herbe, des fleurs alpines et de la pierre,
règne une vie animale et végétale qui,
pour être discrète, n'en est pas moins intense.

◀ *Du sommet
de la Saulire,
des pistes
descendent
vers Méribel.*

▲ *En vue
de la Grande C
où culmine
le massif
de la Vanoise.*

D'une nature souvent hostile, l'homme est parvenu à se faire une alliée.
La belle saison y est une invite à la plus captivante des randonnées
et la blancheur immaculée qu'apportent les longs hivers
y est un merveilleux symbole de sport et d'évasion.

En Maurienne, ▶
le vallon de Polset
à l'heure pastorale.

*V*oici l'espace. Voici l'air pur. Voici le silence.
Le royaume des aurores intactes et des bêtes naïves.

L'univers de haute montagne, dont Samivel s'est fait l'ardent défenseur, a ses terres d'élection en Savoie et en Dauphiné. Au-dessus des profondes vallées que les brumes aiment à noyer, au pied des cimes que coiffent des neiges éternelles, il est une zone privilégiée dont le soleil accuse les reliefs, dont l'altitude exalte les horizons. Toute une nature farouche s'y découvre, qui resurgit discrètement en été, entre glaciers et crêtes rocheuses, parmi les éboulis et les parois abruptes, les forêts et les alpages. Un cadre souvent rude, mais toujours harmonieux. Tels sont les massifs de la Vanoise et de l'Oisans, deux imposants bastions naturels que leur configuration tourmentée a, jusqu'ici, défendus d'une humanisation excessive. Fallait-il laisser l'homme et ses machines partir à l'assaut de ces derniers sites « sauvages » des Alpes ou protéger les paysages, la flore et la faune qui contribuent à leur puissante originalité? Ce dilemme s'est posé avec acuité et, fort heureusement, la création de deux parcs nationaux, à dix ans d'intervalle, est venue y apporter une réponse salutaire.

Entre Tarentaise et Maurienne : la Vanoise

Le vaste massif de la Vanoise, l'un des plus hauts des Alpes, élève ses crêtes entre la vallée supérieure de l'Isère *(Tarentaise),* au nord, et la vallée de l'Arc *(Maurienne),* au sud : deux profonds sillons empruntés par routes et voies ferrées. Depuis sa source, au-dessus de Val-d'Isère, l'Isère décrit une ligne brisée jusqu'à Albertville. De son côté, l'Arc dessine... un arc convexe vers le sud; les trains rapides qui vont en Italie le « remontent » jusqu'à Modane avant de s'engouffrer dans le tunnel de Fréjus (13,655 km), dont le percement fut achevé en 1871 : la première des grandes percées alpines. Pour relier les deux vallées, deux routes seulement : grâce à l'un des plus hauts cols des Alpes, l'Iseran (2 770 m), ouvert en 1936, on passe de Bonneval-sur-Arc à Val-d'Isère, Tignes et Bourg-Saint-Maurice, tandis qu'à l'ouest le col de la Madeleine (1 993 m) relie les deux versants à la hauteur de Saint-François-Longchamp. Entre ces axes de communication, la Vanoise rassemble son troupeau de montagnes indisciplinées, partie sur le territoire de la Maurienne, partie sur celui de la Tarentaise.

Le skieur-randonneur peut, au printemps, traverser le massif à l'aide des remontées mécaniques de Val-d'Isère, de Courchevel ou des Ménuires. Mais, s'il est relativement facile, pour un bon skieur accompagné d'un guide, de passer de Tarentaise en Maurienne, le retour ne peut s'effectuer qu'avec des « peaux de phoque » : le versant mauriennais, escarpé, coupé de barres rocheuses, se prête, en effet,

difficilement à l'installation de remontées. L'été, au contraire, alpinistes et marcheurs pénètrent aisément la Vanoise, en particulier par deux sentiers : l'un qui, d'ouest en est, relie Pralognan à Val-d'Isère par le col de la Vanoise (2 515 m), l'autre qui, du nord au sud, réunit Pralognan à Modane par le col de Chavière (2 801 m).

Cette situation explique le long isolement de cette région. Mais tous les efforts tendent aujourd'hui à favoriser l'ouverture vers le monde extérieur, et c'est ce qui a poussé à hâter le percement, sous le Fréjus, d'un tunnel routier destiné à doubler le passage ferroviaire. En effet, le col du Mont-Cenis (2 083 m) n'échappe pas aux problèmes de l'enneigement et, lorsqu'il est fermé, on n'y accède qu'à skis, par les remontées de la jeune station de Val-Cenis.

Les hommes du XXe siècle se montrent, en l'occurrence, moins hardis que leurs ancêtres. Autrefois, revenant du Piémont, les voyageurs descendaient vers la Savoie assis dans des sortes de traîneaux en branches de sapin, que les guides montagnards (le

« La Mecque du ski »

Au début de ce siècle, il n'y avait à *Val-d'Isère* que quelques fermes totalement isolées l'hiver. À l'automne, avant la première neige, on attelait les bœufs à un gros chariot et l'équipage descendait à Bourg-Saint-Maurice charger le ravitaillement pour l'hiver. Puis la route était coupée jusqu'au printemps. Dans les habitations, bêtes et gens vivaient côte à côte. La viande, on allait la chercher dans les chasses du roi d'Italie, autrement dit dans la réserve royale constituée en 1840 dans le val d'Aoste, et devenue en 1922 Parc national italien du Grand Paradis.

Ce parc a une frontière commune de 6,5 km avec celui de la Vanoise, tout près de Val-d'Isère, de la cime d'Oin à la pointe de Calabre. Mais ce lieu de passage des chamois et des bouquetins est aujourd'hui menacé par les industriels du ski. Un projet de tunnel envisage de percer la montagne sous le col de la Galise, proche des sources de l'Isère, ouvrant ainsi les portes de « La Mecque du ski » aux Turinois. Dans cette optique, le sentier du parc qui monte vers le site du Prarion depuis le pont Saint-Charles serait transformé en route; un autre tunnel serait creusé, qui permettrait d'éviter l'étranglement du sentier du Malpasset. Mais, jusqu'ici, la direction de la Vanoise a tenu bon.

Cerné de glaciers et de sommets avoisinant ou dépassant 3 000 m, Val-d'Isère (1 850 m) est devenu le rendez-vous des sportifs. Son domaine skiable est immense : il s'étend du glacier du Pissaillat aux Tommeuses, où est assurée la liaison

Architecture contemporaine ▲
en stations hivernales :
la Daille, près de Val-d'Isère.

L'une des « portes »
du Parc de la Vanoise,
au Manchet,
près de Val-d'Isère. ▼

narrons) faisaient glisser sur les pentes. Maints récits pittoresques nous sont parvenus sur ce mode de transport. Montaigne lui-même nous relate, dans son « Journal de voyage en Italie », l'expérience qu'il en fit. Peut-être était-ce un avant-goût du ski? En souvenir, un lieu-dit porte le nom de *Ramasse,* sans que l'on sache encore si ce terme désignait les véhicules utilisés ou le curieux procédé qui consistait à ramasser » les voyageurs.

Aux portes du parc

« Un pot-pourri pétrographique et un chaos structural », ainsi Félix Germain qualifie-t-il l'étonnante variété des paysages de la Vanoise. Des aiguilles brunes entrecoupées de larges brèches, d'amples cols creusés par les glaces quaternaires, d'impressionnants chaos, grandioses et désolés, des plateaux herbeux égayés d'un lac où se mire un

sommet couvert de neige, des cirques désertiques, des vallons solitaires... La Vanoise porte en elle la mystérieuse et âpre beauté des hauteurs alpestres. Protégée des pluies océaniques par les chaînes préalpines, elle bénéficie d'un climat relativement sec, et le soleil est fréquemment au rendez-vous. Les températures, souvent élevées en été, peuvent être très basses en hiver, mais la sécheresse de l'air permet de les supporter aisément. Sans oublier cette luminosité étonnante qui confère aux paysages enneigés une dimension irréelle.

Pour qui souhaite accéder au parc, mieux vaut choisir la belle saison, et partir d'un village comme Pralognan-la-Vanoise, au cœur même du massif. La montée à Pralognan depuis la vallée de l'Isère résume d'ailleurs toute la géographie locale. La route cesse de longer la voie ferrée à *Moûtiers,* capitale de la Tarentaise, nœud de communications important au débouché des « Trois Vallées » (Saint-Bon-Courchevel, Méribel-les-Allues, les Belleville). À environ 6 km de là, au bord du Doron (ou torrent) de Bozel, s'étire la station thermale de *Brides-les-Bains,* réputée pour ses cures d'amaigrissement. Encore quelques lacets, et les fumées de l'usine électrochimique de Bozel ouatent la vallée tandis que, sur son flanc gauche, se dessinent des villages cernés de forêts et de prairies. C'est de Villemartin que se fait l'excursion au mont Jovet (2 554 m), l'un des plus intéressants belvédères de moyenne montagne, d'où le regard porte loin, sur le mont Blanc et les grands sommets de la Vanoise.

Au terme d'une gorge étroite, la route atteint la large conque de *Pralognan-la-Vanoise,* parée de bois sombres et de cascades au bas des pentes, de prairies à l'étage supérieur. Sise à 1 404 m d'altitude, la station est renommée de longue date : il y a un siècle, son centre d'alpinisme était déjà connu et, en 1880, l'Anglais Matthews réussissait la première ascension de la pointe de la Grande Casse. Elle se convertit au ski en 1936, mais, coincée entre les glaciers de la Vanoise et les dents de la Portetta, limitée dans son équipement mécanique par la présence du parc, elle souffre, l'hiver, de la comparaison avec ses voisines plus hautes et plus ensoleillées (la Plagne, Tignes, Courchevel). Cependant, aucune de ces dernières ne peut rivaliser avec elle pour les randonnées à ski de printemps et, l'été, pour les ascensions en Vanoise.

Un point culminant : la Grande Casse

L'itinéraire de base, pour faire connaissance avec le parc, est la montée au refuge Félix-Faure (2 515 m). Le téléphérique du mont Bochor hisse les promeneurs directement au pied des glaciers. De là, deux heures et demie suffisent pour atteindre le doyen des refuges de la Vanoise. Le sentier passe près du ruisseau et des chalets de la

avec Tignes. Réunis à la station par des téléphériques, le Rocher de Bellevarde (2 826 m) et la Tête du Solaise (2 551 m) offrent de magnifiques panoramas sur les cimes d'alentour.

Le développement de Val-d'Isère, attaché au prestige de ses pentes, n'a hélas pas été toujours très heureux! Les constructions se sont multipliées, au détriment de l'esthétique, parfois même de la sécurité. Le terrain est rare en haute montagne et des considérations de politique locale ont souvent abouti à quelque relâchement. Sans compter que la différence de valeur est trop grande entre un terrain constructible et un autre frappé d'une servitude *non aedificandi*. Une juste solution devrait être adoptée pour que le manque à gagner de certains propriétaires soit en partie compensé par les bénéfices considérables de certains autres et pour que l'hivernant dispose des espaces libres dont il a besoin. ■

Les Trois Vallées

C'est peu avant la dernière guerre que l'ingénieur-général Michaud découvrit le site de *Courchevel*, au pied du rocher de la Loze, et entreprit de faire de ce petit plateau très ouvert, où convergeaient de nombreuses pentes, une station internationale qui pourrait rivaliser avec Saint-Moritz ou Davos. Études et travaux furent repris après le retour à la paix. Et, en 1949, des hôtels commencèrent à s'élever là où il n'y avait auparavant que des chalets d'alpage. Quelques années plus tard, la jonction était assurée

▲ *L'Alpe-d'Huez,
ou comment conjuguer
école et vacances.*

Glière, laissant plus bas mélèzes et épicéas. Peu après le lac des Vaches, surgit une ligne de rocailles : la moraine du glacier de la Grande Casse. Le sentier oblique à droite et suit la rive du lac Long. Soudain apparaît la silhouette grise du refuge Félix-Faure, et la masse imposante de la Grande Casse (3 852 m), point culminant de la Vanoise, se profile sur le ciel. Le Félix-Faure est le rendez-vous des alpinistes désireux de s'attaquer à la Grande Casse. Point n'est besoin, en revanche, d'être très entraîné pour grimper à la pointe de la Réchasse (3 208 m), plus au sud. Après une marche d'approche dans un chaos de rochers entremêlés de plaques de lichens, un petit bout de glacier justifie l'aide d'un guide, des piolets et des crampons. On suit alors, jusqu'au sommet, une belle arête rocheuse, d'où la perspective s'étend, au nord, sur la Grande Casse et, au sud, sur les glaciers de la Vanoise. Les randonneurs, de leur côté, peuvent progresser sur le plateau vers l'ouest et redescendre jusqu'aux chalets d'Entre-Deux-Eaux (2 107 m), mélancoliquement écrasés contre les prairies en pente. Route et sentier mettent le hameau à cinq heures de Termignon. Il ne faut guère plus longtemps pour atteindre les limites du parc, soit au-dessus de Val-d'Isère par le vallon et le col de la Rocheure (2 912 m), soit au-dessus de Tignes par le vallon et le col de la Leisse (2 758 m).

Le premier parc national français

Ce voyage rapide montre à quel point la Vanoise était menacée. Si un marcheur moyen peut, en deux petites journées, traverser le massif de part en part, que serait-ce avec des voitures tout-terrain, des motos de cross ou, simplement, des remontées mécaniques filant dans tous les sens? Or, la région est le dernier refuge d'une faune et d'une flore d'altitude exceptionnelles. Le décret du 6 juillet 1963, portant création du premier parc national français, celui de la Vanoise, vint opposer à cette menace latente une réglementation qui, pour s'attacher à la protection de la nature, ne perd cependant pas de vue les exigences du tourisme.

Le Parc national de la Vanoise n'occupe que 52 839 ha (répartis sur 20 communes). Il s'étend, en dehors de toute zone d'habitat permanent, entre 1 200 et 3 852 m d'altitude. Toutefois, lui ont été adjoints plus de 140 000 ha de zone périphérique (pré-parc). Au sein du parc proprement dit, la chasse est strictement prohibée, mais la pêche est permise, suivant les dispositions habituelles. Il est interdit de cueillir des fleurs. Est prohibé tout ce qui peut troubler le repos et la vie des animaux : le bruit, les transistors, la circulation des chiens, même tenus en laisse; il en est de même pour les activités industrielles, les carrières, qui défigurent les sites, les remontées

mécaniques. Pas de publicité : les seuls panneaux rencontrés sont les flèches de bois balisant les sentiers et les plans généraux du parc. Quant aux habitations, sont uniquement autorisés les chalets d'alpage, bâtis en pierre et couverts de toits de lauze, ainsi que les refuges du Club alpin français, construits en « dur », auxquels sont venues s'ajouter les coquettes maisonnettes en bois du parc national.

Villages, fermes, stations de ski ont été maintenus dans la zone périphérique, et les activités agricoles, pastorales, forestières sont exercées normalement dans les communes du pré-parc; leurs habitants peuvent toujours mener dans leurs alpages habituels, fussent-ils à l'intérieur de la zone de protection intégrale, les robustes vaches de la race tarine, et ils ont toujours la possibilité de fabriquer leurs fromages dans les vieux chalets.

Parmi les sites de la Vanoise qui exigèrent d'être sauvegardés en priorité : les glaciers, qui représentent à eux seuls 8 000 ha. Certains d'entre eux — les plus accessibles et les moins crevassés — étaient guignés par les promoteurs qui misent sur le ski «toutes saisons». En fait, seuls ceux du Pissaillas, près de Val-d'Isère, et de la Grande-Motte, près de Tignes, ont été placés hors des limites de la zone protégée.

Le paysage le plus vaste, le plus impressionnant aussi, est formé, au centre, par les «glaciers de la Vanoise». Le long de la dépression que suit le chemin muletier de Pralognan-Modane, s'étirent les glaciers de la Réchasse, du Dard, du Pelve, des Sonnailles, de Chasseforêt, de Rosoire... La plus belle vue, on la découvre d'en face, soit du Petit Mont-Blanc, soit, simplement, des remontées de Moriond et de Courchevel.

Le deuxième ensemble glaciaire s'étale au sud-ouest de la Vanoise, orienté nord-sud et proche des «Trois Vallées» : le long glacier de Gébroula, foulé par les grimpeurs qui vont au dôme de Polset, et le glacier de Chavière, sur lequel les promoteurs de Val Thorens auraient souhaité étendre leur emprise. Une autre ligne glaciaire s'étend d'ouest en est, au-dessus du vallon de la Rocheure. Enfin, lorsqu'on monte de Champagny et Laisonnay vers le col du Palet, s'offre au regard une vue somptueuse sur les neiges éternelles de la Grande Casse.

Une vie secrète

Glace, pierre, rochers..., cela semble de prime abord bien peu propice à la vie animale. Pourtant, elle est présente en tout endroit, craintive, discrète, et l'approche est difficile. Les bêtes sont farouches : l'homme est pour elles une menace et aucune ne l'ignore. Combien d'espèces ont déjà disparu par sa faute! Les destructions abusives touchèrent surtout le chamois, animal mascotte de

entre Courchevel, sise en haut de la vallée de Saint-Bon (1 600 m-2 700 m), et la station plus ancienne de *Méribel*, dans la vallée des Allues. Du téléphérique de la Saulire, on pouvait descendre sur l'autre versant et remonter par une télécabine. Méribel disposait déjà de remontées du côté est, près du sommet de La Tougnète. Il y a une demi-douzaine d'années, la création de la station des *Ménuires* (1 850-3 300 m), dans la troisième vallée, celle des *Belleville*, vint compléter l'ensemble.

Il est aujourd'hui possible de partir de Courchevel, de redescendre à skis sur Méribel, de remonter de l'autre côté, de redescendre sur les Ménuires et de refaire le chemin en sens inverse. Le trajet n'offre pas de grandes difficultés. Cependant, pour les skieurs moyens qui ne le

connaissent pas, mieux vaut l'effectuer la première fois sous la conduite d'un moniteur. Il est conseillé de partir tôt, de ne pas s'attarder et de tenir compte des heures de fermeture des télécabines qui remontent sur le massif de la Saulire, vers Courchevel.

Courchevel, avec ses quatre étages — Courchevel 1 850, Courchevel-Moriond 1 650, Courchevel 1 550, Courchevel-Le Praz 1 300 —, compte aujourd'hui environ 20 000 lits et une cinquantaine de remontées mécaniques.

Avec Méribel et sa station satellite de Méribel-Mottaret, avec les Ménuires et Val Thorens, les Trois Vallées doivent totaliser environ 50 000 lits. À l'extrémité ouest de la Vanoise, c'est un immense domaine skiable (250 km²). ■

Randonnées en Vanoise

Pralognan-Modane par le col de Chavière.
Pralognan-Tignes par le refuge Félix-Faure - Entre-Deux-Eaux - vallon et col de la Leisse.
Pralognan-Val-d'Isère par Entre-Deux-Eaux - col de la Rocheure.
Champagny-Tignes par le col du Palet.
Tignes-Peisey-Nancroix par le col du Palet et le lac de la Plagne.
Bonneval-Val-d'Isère par le col des Fours.
Val-d'Isère-vallon de Prarion par le sentier du Malpasset.

L'administration du parc organise des visites guidées, et Val-d'Isère des safaris photo. Les sentiers balisés recoupent sur les grands itinéraires les sentiers de « grande randonnée » GR 55 et GR 5. ■

Telle une haute citadelle,
la longue crête
▼ *des aiguilles d'Arves.*

Vanoise, qui se plaît sur les alpages et même dans les forêts. Mais l'homme l'a souvent chassé de son domaine de prédilection. Le seigneur du parc a dû se retirer au milieu des rochers. Désormais, pics et crevasses le protègent; il court de névé en éboulis et disparaît d'un bond prodigieux à la moindre alerte. On le rencontre sur le versant sud du massif Grande Casse - Grande-Motte, à l'aiguille du Fruit et du côté de Chavière, sur la Maurienne. Ce sont à peu près les mêmes secteurs que hante le bouquetin des Alpes, mais ce n'est pas le même type de terrain. Cet animal trapu se déplace calmement n'aime guère, à la belle saison, quitter les parois escarpées, où il s'accrocher d'un pied sûr, ni les vires ensoleillées, où il fait sa este. Avec un peu de chance, on peut apercevoir un lièvre variable,

gris l'été, blanc l'hiver, une martre ou une hermine… À skis, au printemps, peut-être lèverez-vous une perdrix blanche (lagopède) ou distinguerez-vous, très haut dans le ciel, l'un des rares couples d'aigles royaux qui subsistent encore en Vanoise.

Tout autant que cette vie animale, la flore exigeait d'être protégée, car elle est l'une des plus riches des Alpes (on trouve encore, à très haute altitude, des spécimens fort rares qui nous viennent de l'âge glaciaire). Les forêts parent largement les versants des vallées, à l'étage de la moyenne montagne (800-1 500 m). Dans les régions humides, ce sont des hêtres, malheureusement moins nombreux qu'autrefois, et des sapins. Là où les terrains sont plus secs, croissent pins sylvestres et épicéas. Quant aux mélèzes, on les aperçoit souvent

Sanctuaires de Tarentaise

Sur les deux rives de l'Isère s'étale le pittoresque pays de la haute Tarentaise. En contrebas des sommets où neige, soleil et altitude mêlent leurs attraits, la rivière serpente dans une vallée riante et claire. La première ville rencontrée en descendant de Val-d'Isère est *Bourg-Saint-Maurice,* gros marché tarin, important terminus ferroviaire au carrefour des routes qui mènent à quatre stations de ski (les Arcs, la Rosière, Tignes et Val-d'Isère). Plus bas dans la vallée, un peu à l'écart, se trouve, au pied du mont Pourri, le village de *Peisey-Nancroix,* resté célèbre parce qu'y fut instituée par Napoléon la première École des mines. Les jours de fête, peut-être verra-t-on, à la sortie de la messe, une Savoyarde coiffée de la « frontière », bonnet de velours noir à trois pointes (l'une sur le front, deux sur les tempes), relevé d'un galon doré. L'église, avec son admirable chaire du XVIᵉ siècle, ses retables sculptés du XVIIᵉ, mérite une visite, tout comme deux autres sanctuaires, que l'on découvre en descendant le cours de l'Isère : à *Aime,* la basilique Saint-Martin, l'une des plus anciennes églises savoyardes, bel exemple du premier âge roman lombard (Xᵉ-XIᵉ s.) et, à *Moûtiers,* la cathédrale Saint-Pierre, dont l'architecture porte la marque de diverses époques (Vᵉ, XIᵉ, XVᵉ s.). En remontant vers Champagny, un arrêt s'impose à *Champagny-le-Bas :* l'église Saint-Sigismond abrite un superbe retable du début du XVIIIᵉ siècle, ensemble foisonnant de dorures et de riches ornementations. ■

▲ *Une petite église de haute montagne : Champagny-le-Bas en Vanoise.*

La plus haute cime de l'Oisans, dans sa solitude glacée :
▼ *les Écrins.*

jusqu'à 2 000 m. Plus haut, le pin à crochets et le pin cembro (ou arol) au bois tendre, matière première des artisans. Dans le pré-parc, à partir de la mi-août, la cueillette des myrtilles et des framboises est prétexte à de longues flâneries. Plus haut s'étale, de juin à la fin d'août, un extraordinaire tapis floral. Crocus et soldanelles percent sous la neige dès le mois de mai. Plus tardifs : la gentiane bleue, le chardon bleu des Alpes, le lis martagon, l'aster, l'arnica, les trolles, les rhododendrons... Les saxifrages, elles, affectionnent les fentes des rochers. Enfin, l'edelweiss, avec sa fleur tendre posée sur un coussin d'un vert laineux, est la parure de la haute montagne.

Du cultivateur au moniteur

La vogue croissante du ski a bouleversé la vie de villages autrefois isolés tout l'hiver. Dans la haute Tarentaise et la haute Maurienne, les grosses maisons de pierre se tassent les unes contre les autres, comme si leurs lauzes ne formaient qu'un seul toit gris sombre à flanc de montagne. Les charpentes sont en bois de mélèze ainsi que les balcons, naïvement décorés, et les linteaux. À l'intérieur, on ne « couche plus avec les vaches », mais les améliorations sont récentes et, souvent, une simple porte sépare la salle commune de l'étable.

Le climat rude, la neige, qui persiste six mois de l'année, accusent un particularisme qui oppose fréquemment les habitants d'une vallée à ceux de l'autre. Dans le passé, on se disputait à propos de pacages; aujourd'hui, il s'agit de l'échange de terrains nécessaire pour implanter un téléski ou de la création d'un seul abonnement pour les remontées de deux stations voisines. Cependant, ces difficultés s'aplanissent à mesure que les fils de cultivateurs revêtent, l'hiver, le chandail de moniteur. Certains, de mai à novembre, restent à la ferme; d'autres sont guides de haute montagne; d'autres encore passent leur brevet de maître nageur-sauveteur et s'en vont à Cavalaire ou à La Baule.

L'émigration saisonnière est fort ancienne dans ce pays pauvre. À la morte saison, quand le père n'avait pas de quoi nourrir les siens, frères et sœurs partaient pour la grand-ville; ils y ramonaient les cheminées et montraient aux passants la marmotte qu'ils emportaient dans une caisse. Les temps ont changé. Tout autour, les usines électrochimiques et électrométallurgiques, l'édification des barrages ont créé de nombreux emplois. Le développement des stations a ouvert des débouchés. Cependant, terres cultivées et pâturages tendent à régresser, car, envisagée sous l'angle économique, l'agriculture n'est plus rentable. Mais la présence de l'homme reste indispensable à la vie du terroir, et l'estivant recherche dans villages et hameaux le contact avec la vie pastorale...

De Vanoise en Oisans

Au sud-ouest de la Vanoise, l'Oisans — appelé en partie Pelvoux — déploie ses 100 km² de glaciers et ses hautes cimes (souvent plus de 4 000 m) entre les cours capricieux de la Romanche, de la Durance et du Drac. Puissant massif, tout d'âpreté et de démesure, qui semblerait inviolable, n'étaient la route qui le contourne en joignant la Romanche à la Guisane et à la Durance par le col du Lautaret, et celles qui le relient à la Maurienne, offrant de beaux panoramas sur les Alpes de la Savoie méridionale et du Dauphiné.

L'une, qui unit Saint-Jean-de-Maurienne au Bourg-d'Oisans par le col de la Croix-de-Fer (2 068 m) et le col du Glandon (1 908 m)

Au fil des villages de Maurienne

Étroite, encombrée d'usines, la haute vallée de l'Arc est une vieille route vers l'Italie. D'aucuns prétendent que les Maures l'occupèrent aux environs du Xᵉ siècle : d'où son nom de *Maurienne*. Il est plus probable qu'on l'a appelée ainsi pour évoquer le caractère indiscipliné de l'Arc (*mau riau* : mauvais cours d'eau), dont les eaux capricieuses ajoutent à la sévérité des paysages. La barre rocheuse de la Vanoise, au nord, ne laisse place qu'à de rares percées. Et ces difficultés d'accès ont contraint les stations hivernales à s'installer sur le versant opposé *(le Corbier, Valloire, la Toussuire).*

Avant de remonter la vallée, arrêtons-nous à *Saint-Jean-de-Maurienne,* capitale historique de la Maurienne, sise au confluent de l'Arc et de l'Arvan. Le temps de se placer sous la protection des trois doigts de saint Jean-Baptiste, patron de la cité, conservés dans un ciborium flamboyant en albâtre, dans la sacristie de la cathédrale (XIᵉ-XVᵉ s.), et d'admirer, dans ce même édifice, les stalles de bois sculptées par l'artiste genevois Pierre Mochet, au XVᵉ siècle, époque à laquelle fut édifié le cloître gothique. Au-delà de *Modane,* au-delà de la soufflerie ultramoderne installée en 1953 par l'Office national d'études et recherches aéronautiques à *Avrieux,* la haute vallée revêt un caractère sombre et âpre. La route longe en contrebas les *forts de l'Esseillon,* gigantesques ouvrages bâtis dans la première moitié du XIXᵉ siècle par les

▲ *Bonneval-sur-Arc : de vieilles fermes et des ruelles étroites, un mode de vie d'un autre âge.*

emprunte les impressionnantes gorges de l'Arvan et contourne le massif des Grandes-Rousses dont on voit se profiler le point culminant, le pic de l'Étendard (3 468 m). La combe d'Olle et ses paisibles alpages, habités par les moutons, le défilé de Maupas, dont les éboulis enserrent étroitement la route, ajoutent à la variété des sites qui jalonnent ce parcours. L'hiver, seules les voies d'accès aux stations sont déneigées et ce sont les skieurs qui peuvent découvrir les paysages alpins, du mont Blanc aux Écrins. Les stations sont d'ailleurs nombreuses : au-dessus de Saint-Jean-de-Maurienne, *Font-couverte,* doublée par *la Toussuire,* créée *ex nihilo* sur les pentes dénudées; non loin, *le Corbier,* avec ses lignes ultramodernes et son architecture intégrée; plus près du col de la Croix-de-Fer, *Saint-*

Sorlin-d'Arves s'est converti au ski familial. À vol d'oiseau, *l'Alpe-d'Huez* est tout près; mais il faut, pendant la saison blanche, passer par la vallée de l'Isère et Grenoble pour gagner la plus renommée des stations du Dauphiné. Si elle a parfois souffert de sa réputation mondaine et de l'absence de végétation, corollaire de l'altitude (1 860 m), cette image s'est modifiée, et son domaine skiable s'est considérablement accru. Un téléphérique la relie au pic du Lac-Blanc (3 327 m), le plus beau belvédère des Grandes-Rousses.

La seconde liaison Maurienne-Oisans passe par le Galibier. La « route des Grandes Alpes » descend de l'Iseran, serpente dans la haute Maurienne pour rejoindre la vieille station de *Valloire* par le col du Télégraphe. De Valloire à Plan La Cha, la route épouse le cours de la Valloirette, laissant apparaître les aiguilles d'Arves à droite et le rocher du grand Galibier (3 229 m), dans sa solitude dépouillée, à gauche. Au col, à la sortie sud du tunnel (2 556 m d'altitude), un monument élevé à la mémoire d'Henri Desgranges, le « père » du tour de France cycliste, évoque la légende des « géants de la route », inséparable du Galibier. C'est en effet là que la « sorcière aux dents vertes » (la malchance) terrassait les vaillants pédaleurs montant « en danseuse ». Cette redoutable réputation prête à rêver, mais peut-être préférera-t-on se laisser porter par l'immensité des horizons que le regard embrasse depuis la table d'orientation (2 704 m) : la Meije, la barre des Écrins, les montagnes du Briançonnais, le mont Viso...

Le Parc national des Écrins

« Nous sommes au milieu des plus grandes Alpes [...], les montagnes de ce pays sont imposantes, et il y a des détails charmants », lit-on sous la plume de Stendhal, dans ses « Mémoires d'un touriste ». L'écrivain s'était arrêté au Bourg-d'Oisans, « à l'entrée » du Pelvoux. Comme pour la Vanoise, ces montagnes, considérées comme des « monts affreux », parce que longtemps inaccessibles, ont été progressivement pénétrées par l'homme. Dès lors, le Haut Dauphiné s'est vu confronté aux mêmes problèmes de sauvegarde.

C'est en fait à partir du massif du Pelvoux qu'a surgi l'idée de parc national. En 1913 fut institué, sur la commune de Saint-Christophe-en-Oisans, le Parc national de la Bérarde, qui prit ensuite le nom de Parc national de l'Oisans, puis, à partir de 1924, de Parc national du Pelvoux, ayant entre-temps élargi son « champ d'action » par l'adjonction des communes de Pelvoux et de La Chapelle-en-Valgaudemar. Mais la protection apportée à la flore, à la faune, aux sites ne tarda pas à paraître insuffisante et, lorsque la loi du 22 juillet 1960 vint préciser, pour la première fois en France, à quelles conditions un parc

souverains sardes et auxquels la patine du temps confère une sorte de grandeur mélancolique. De la petite station d'*Aussois*, légèrement en amont, on montera admirer une étrange curiosité naturelle : le monolithe de Sardières, haut de 83 m. Autre site curieux, préhistorique celui-ci, la « Pierre aux pieds », gros rocher portant de profondes empreintes de pieds orientées vers le soleil levant. *Lanslevillard*, au pied du mont Cenis, conserve les traces d'un pieux passé : quelque six églises ou chapelles dans les environs immédiats, une merveilleuse chapelle Saint-Sébastien, élevée sur un mamelon, non loin du bourg. Cette dernière abrite d'étonnantes fresques du XVe siècle, représentant la vie de Jésus et celle de saint Sébastien. Reprenant une vieille

tradition, les paroissiens de la commune voisine, *Lanslebourg*, organisent à Noël, pour la messe de minuit, la procession des métiers.

Toujours plus haut dans la vallée, la foi de la Maurienne survit à travers fresques et sculptures. La chapelle Saint-Antoine de *Bessans*, qui remonterait au XIVe siècle, contient des peintures murales assez bien conservées malgré les ravages de l'humidité. Si parfois l'on peut encore voir, lors de la messe à Bessans, des Savoyardes dans leur robe noire, coiffées d'un bonnet de tulle relevé en auréole autour de la tête, c'est à *Bonneval-sur-Arc*, le dernier village avant l'Iseran, le bourg le plus élevé de la Maurienne, que s'exprime le mieux l'accord qui doit exister entre l'animation touristique et les activités traditionnelles. ■

▲ *Aux confins de l'Oisans, un passage fréquenté du Dauphiné, le col du Lautaret.*

national pouvait être créé, le Parc national du Pelvoux fut remis en cause. Tandis qu'en 1962 on adoptait plus modestement le principe d'un Parc domanial du Pelvoux ressortissant au régime forestier, la création d'un parc national selon les nouvelles normes (alliant la préservation de la nature avec le développement de l'économie locale) était mise à l'étude. Son « acte de naissance » fut signé le 27 mars 1973.

Le Parc des Écrins est aujourd'hui le cinquième parc national français. Tel celui de la Vanoise, c'est un parc de haute montagne : il s'étage de 800 à plus de 4 000 m d'altitude, le point culminant en étant la barre des Écrins (4 102 m). À cheval sur les départements des Hautes-Alpes et de l'Isère, il englobe le massif du Pelvoux et celui du Champsaur. Le pré-parc, vaste de quelque 180 000 ha, est assez nettement délimité, au nord, par la route qui relie Grenoble à Briançon par Le Bourg-d'Oisans et le col du Lautaret (vallées de la Romanche et de la Guisane); à l'est, par le sillon de la Durance, de Briançon à Embrun; au sud, par le lac artificiel de Serre-Ponçon et l'axe Embrun-Gap; à l'ouest, par la route Napoléon de Gap à Grenoble, par le col Bayard et la vallée du Drac. En revanche, le parc proprement dit couvre 91 800 ha, — ce qui lui vaut d'être l'un des plus vastes des parcs nationaux français. Sa frontière est sinueuse : il a fallu en exclure les lieux d'habitation et, en dernière minute, 15 000 ha que réclamaient les sociétés de chasse locales, dépossédées par ailleurs d'une grande partie de leurs terrains communaux.

Les activités sportives qui s'offrent aux touristes sont celles que l'on peut attendre de la haute montagne : randonnée, ski, alpinisme. Cependant, si le Parc de la Vanoise est plus orienté vers la promenade, celui des Écrins est surtout voué à la varappe. Ses 4 000 m sont les plus appréciés des grimpeurs, après ceux du massif du Mont-Blanc. Citons le Grand Pic de la Meije (3 983 m), le sommet de l'Ailefroide (3 953 m), le mont Pelvoux (3 946 m) et, surtout, la barre des Écrins. Le point de départ des grandes escalades est le hameau de la Bérarde, au creux de la vallée du Vénéon. Mais, pour qui préfère la promenade, le parc ne manque pas d'attrait. Intérêt d'une vie végétale qui, du fait d'un climat où se mêlent influences océaniques et influences méditerranéennes, présente un nombre infini de variétés, dont certaines des plus rares (gentiane acaule, chardon bleu, arnica, trolle...); la lumière qui baigne les hautes cimes leur confère des coloris sans pareil. Plus accessible, la pelouse alpine souffre d'être piétinée et voit disparaître des plantes parmi les plus belles (génépi, sabot de Vénus, lis orange...); sans doute la réglementation remédiera-t-elle à cette destruction. Intérêt aussi de la faune, que le comité scientifique du parc se propose de développer. Aujourd'hui, les hardes de chamois se rencontrent surtout dans la réserve de chasse du massif du Combeynot et dans le Parc domanial

du Pelvoux. Demain, au hasard d'une flânerie, le visiteur pourra revoir des animaux que les chasseurs traquaient impitoyablement.

Des richesses difficiles à approcher

Le Parc des Écrins ne se laisse pas aborder facilement et se prête mal à des circuits rapides. Pour découvrir les vieux hameaux, les lacs glaciaires, pour apercevoir la barre des Écrins, qu'Edward Whymper fut le premier à escalader, en 1864 (« Aucun belvédère des Alpes n'offre panorama semblable d'hallucinante beauté », devait-il affirmer), on devra remonter des vallées étroites, souvent impressionnantes, et consentir à marcher pour gagner les belvédères.

La plupart de ces voies d'accès partent de l'ouest. Depuis Le Bourg-d'Oisans, niché à 730 m d'altitude dans son bassin fertile qu'entourent de sévères abrupts, la route traditionnelle rejoint le col du Lautaret à travers des sites sauvages qui, au fil du couloir de la Romanche, dévoilent de belles échappées sur les glaciers et sur les sommets de la Meije. Parcours pittoresque qui longe d'abord les gorges de l'Infernet, où l'on voit dévaler les cascades dans la Romanche. Au sortir de cet oppressant défilé, le bassin de Freney apporte une note presque paisible. Puis la vallée se resserre à nouveau; c'est là que s'est installé le barrage du Chambon. Sous les eaux de son lac, vaste de 125 ha, trois hameaux submergés; à la surface, les taches colorées des voiliers : la technique n'est pas ennemie de l'agrément! On oublierait presque la rudesse de la nature si la combe de Malaval, autre défilé où les eaux vives de la rivière semblent vouloir gagner la route, ne venait nous la rappeler; vers la gauche, dans les vallons adjacents, d'imposantes cascades (la Pisse, le Saut de la Pucelle); à droite se laissent entrevoir les derniers chaos des glaciers du Mont-de-Lans et de la Girose.

Les contreforts de la Meije apparaissent dans toute leur majesté à mesure que l'on s'approche de *La Grave* (1 526 m). Bâti sur une terrasse à l'abri des crues, ce centre d'alpinisme est le plus réputé du Dauphiné; sa situation, au pied de la Meije, l'a certes privilégié d'autant que les simples promeneurs trouvent là des points de vue merveilleux sur cet univers de hauts sommets et de glaciers. Mais sa petite église de style roman lombard mérite visite, un détour s'impose jusqu'à l'oratoire du Chazelet, à 6 km seulement, solitaire dans la montagne; de là, le regard embrasse le massif de la Meije jusqu'au Grand Pic (3 983 m), le plus élevé de ses trois sommets.

En amont de La Grave, la route s'écarte de la vallée et les pics du Combeynot composent un nouveau décor. Au *col du Lautaret* (2 058 m), le paysage, plutôt austère, se colore de mille fleurs pendant la belle saison. Là aboutit la route du Galibier; de là part celle

Un haut lieu de la foi : Notre-Dame-de-la-Salette

Près de La Salette-Fallavaux, un austère paysage d'alpages, à 1 770 m d'altitude, prête son cadre solitaire à l'un des sanctuaires de la Vierge qui attirent, annuellement, plus de 100 000 pèlerins : Notre-Dame-de-la-Salette. Élevée au pied du mont Gargas, à une quinzaine de kilomètres de Corps, la basilique, d'inspiration romane, rappelle que là, le 19 septembre 1846, la Vierge apparut à deux enfants du hameau des Ablandens, qui gardaient des troupeaux. Deux jours plus tard, une source presque tarie se mit à couler abondamment. Dès lors, miracles et conversions lui furent attribués.

De France et de tous les coins du monde accoururent les pèlerins, qui durent alors emprunter de rudes sentiers de montagne pour accéder au lieu de l'apparition mariale. Mais, à partir de 1851, année où l'Église reconnut le témoignage des jeunes pâtres, le site se métamorphosa peu à peu pour faire face aux nombreuses foules qu'attirent les pèlerinages, surtout celui du 19 septembre. La sainte montagne est toutefois loin d'accueillir les rassemblements que connaissent Lourdes et Fatima : l'accès n'en est pas aussi facile. Aussi, en France et à l'étranger, créa-t-on des centres de pèlerinage consacrés à la Vierge de la Salette. Des congrégations virent le jour, qui comptent plus de 3 000 membres. Quant aux enfants, Mélanie Calvat (14 ans) voua sa vie à la prière et mourut en Italie, à Altamura, en 1904; Maximin Giraud (12 ans) mourut en 1875 et fut enterré au cimetière de Corps. ∎

Isolée au milieu des alpages, ▲ Notre-Dame de-la-Salette attire tous les ans des flots de pèlerins.

Au pied de la Meije, La Grave doit sa renommée à la beauté du paysage ▼ et à l'alpinisme.

conduit, par la vallée de la Guisane, fermée au loin par l'altière forteresse de Briançon, aux trois communes de Serre-Chevalier. De ce « carrefour » animé, qui est dégagé presque tout au long de l'année, le panorama sur la Meije est superbe. Mais le Lautaret est plus particulièrement célèbre pour son « jardin alpin », qu'il convient de visiter au début de l'été. Ses massifs de rocailles réunissent plusieurs milliers d'espèces de fleurs : non seulement celles que possède l'Oisans, mais encore des plantes venant de tous les coins du monde. Un chalet-laboratoire accueille les chercheurs.

Le « temple de la rudesse »

Cette appellation, appliquée par le géographe Raoul Blanchard à la haute vallée du Vénéon, résume fort bien l'impression que l'on ressent lorsqu'on pénètre dans ce massif. Le trajet, jalonné d'accidents glaciaires (verrous), n'est pas dénué de difficultés. C'est aussi son charme. Quittant la vallée de la Romanche avant les gorges de l'Infernet, on s'enfonce dans un ample couloir (que l'on abandonne pour se rendre à pied au lac Lauvitel, un peu au sud). Puis on contourne l'Alpe de Venosc, qui constitue avec l'Alpe de Mont-de-Lans le complexe de ski des *Deux-Alpes* (1 660 m), étalé sur un large plateau couvert de pâturages que domine la Roche de la Muzelle (3 459 m). La route s'accroche en corniche à une paroi escarpée, après avoir traversé la riante station du *Bourg-d'Arud*. Les éboulis rocheux du « Clapier de Saint-Christophe » précèdent d'impressionnants à-pics et annoncent la commune de *Saint-Christophe-en-Oisans*, patrie des Gaspard, père et fils, qui firent la première ascension du Grand Pic de la Meije en 1877, avec Emmanuel Boileau de Castelnau. Ici, comme à la Bérarde, où la vallée se termine en cul-de-sac, sont inhumés de nombreux guides « péris en montagne ». À 1 738 m d'altitude, au confluent du torrent des Étançons et du Vénéon, *la Bérarde* — les « Bérards » sont les bergers — est restée le point de départ des grandes escalades. Mais son cadre de glaciers endiamantés et de pics élancés (Olan, 3 578 m; Bans, 3 668 m; Gandolière, 3 549 m) qui, sous une lumière presque méridionale, prennent des dimensions féeriques, attire aussi par ses panoramas, et les bons marcheurs ne manquent pas de gagner la Tête de la Maye (2 519 m), d'où l'on a une vue splendide sur la Meije et sur les Écrins.

Si le parcours de la vallée du Vénéon se révèle parfois « sportif », il existe, pour approcher le Parc national des Écrins, d'autres voies de pénétration. Notamment celle qui part du *Champsaur*, haute vallée du Drac que suit la route Napoléon. C'est une région au caractère plus campagnard que montagnard : une haute plaine parée de moissons et de cultures, et des paysages d'altitude assez arides; le plus bel aperçu

Tignes : un village, un barrage, une station

Le 25 mars 1952, les habitants du vieux village de Tignes, le long de la haute vallée de l'Isère, suivaient une série de convois funèbres : après les avoir obligés à évacuer leurs demeures, le progrès les contraignait à emmener leurs morts. La mise en eau du barrage du Chevril, le plus moderne d'Europe, entraînait l'abandon d'une centaine de maisons et de plusieurs dizaines d'hectares de terres. Les Tignards, après avoir lutté pied à pied pour défendre leur patrie, furent obligés de capituler. Le village et l'église, noyés sous les eaux, ont été reconstruits au hameau des Boisses (1 820 m) sur la rive gauche de l'Isère. Six cent cinquante mille mètres cubes de béton ont été nécessaires pour construire le bouclier de 160 m de haut qui barre l'Isère. L'ouvrage, qui recèle la moitié de la houille blanche que l'on peut stocker dans les hautes Alpes françaises, retient 230 millions de mètres cubes d'eau, provenant de plusieurs captages et de la fonte des neiges. Cette eau est dirigée sur les centrales installées en aval, sur le cours de l'Isère.

Aujourd'hui, la nouvelle route qui monte à Val-d'Isère longe le barrage du Chevril; on peut contempler le lac et le gigantesque ouvrage de béton depuis le belvédère. Quant à la route qui rejoint Tignes-les-Boisses et accède à la station de Tignes, elle passe sur le barrage proprement dit.

Le nom du village évoque moins, maintenant, un drame des temps modernes qu'un grand centre de sports d'hiver. La disparition des vieilles maisons a coïncidé avec l'essor du ski : à 6 km du barrage, à 2 100 m d'altitude, une station est née au bord du petit lac, naturel celui-là, nommé « lac de Tignes ». Cette *Super-Tignes* a longtemps piétiné car la population locale n'arrivait pas à croire que la neige lui procurerait les revenus enlevés par les eaux. Il a fallu l'intervention d'une grande société pour que se multiplient, sur ce plateau d'alpages immeubles et remontées.

Super-Tignes a aujourd'hui 15 000 lits. Des remontées mécaniques la relient à Val-d'Isère; d'autres équipent la superbe montagne de la Grande-Motte, permettant de skier toute l'année. ■

---

sur ce petit pays s'obtient en descendant du col du Noyer (1 664 m). La vallée de la Séveraissette, que l'on emprunte à partir de La Motte-en-Champsaur, est l'un des couloirs les plus isolés du Dauphiné, qui s'encaisse entre des parois presque abruptes; la route qui la suit demande quelque audace, mais une juste récompense attend le touriste à son terme : les imposants escarpements du Vieux-Chaillol (3 163 m), qui constitue le belvédère du Champsaur. La vallée du Drac de Champoléon, en amont de Pont-du-Fossé, est particulièrement rude et désolée; les crues soudaines du torrent y sont réputées. Au contraire, le cours du Drac Noir, au sud-est, bénéficie d'un site plus large, moins austère; mélèzes et sapins couvrent le versant ombragé. Au-dessus, la station d'*Orcières-Merlette* vaut plus par son exposition en plein midi que par l'esthétique de son complexe.

Au nord des terres sauvages du Champsaur, le *Valgaudemar*, qu'arrose la Séveraisse, s'enfonce très profondément dans le parc, ce qui en a fait une terre de prédilection des alpinistes. La vallée, en auge, est à double visage. De Saint-Firmin à Villar-Loubière,

pittoresque village agrippé au rocher, prairies et lignes de peupliers apportent à l'habitat pimpant un bel écrin de verdure. Mais au-delà, la vallée se creuse plus encore; l'adret se raidit, désertique, tandis que l'ubac conserve encore son manteau forestier. Les grands sommets du Valgaudemar se profilent de plus en plus nettement : le pic Jocelme, le pic des Aupillous, les Bans (3 669 m)... De *La Chapelle-en-Valgaudemar* partent les sentiers en balcon récemment tracés et balisés. À partir de là aussi, le chemin des Portes conduit à un intéressant belvédère d'où l'on découvre le pic d'Olan et la cime du Vallon. Un décor de haute montagne, avec lequel contrastent quelque peu le petit hameau des Portes et la belle cascade du Casset.

Enfin, pour parachever cette promenade autour du parc, ne manquons pas la Vallouise, à l'est, qui se rattache au Briançonnais à la vallée de la Durance, mais qui est le point de départ des vainqueurs du Pelvoux : le capitaine Durand, qui atteignit en 1828 « pic Durand » (3 932 m), et l'astronome Victor Puiseux, qui parvint 1849 au point culminant, la « pointe Puiseux » (3 946 m).

la Savoie des lacs

*Au fond
d'une cluse tortueuse
et bordée de forêts,
le lac d'Annecy,
avec ses eaux
d'une belle limpidité,
attire les amateurs
de voile,
de baignade
et de pêche.*

◄ *Plantées dans bois et prairies,
les dents de Lanfon
se dressent
au-dessus de la baie
de Talloires.*

La montagne du Taillefer ►
*avance un éperon boisé
entre le Grand Lac
et le Petit Lac.*

*Sur des eaux bleues
cernées d'épaisses frondaisons,
les voiles blanches*
▼ *de la plaisance.*

▲ *Château féodal*
à multiples tourelles,
Menthon-Saint-Bernard,
juché sur une colline.

Face à Talloires, ▶
installée dans une baie abritée,
la montagne du Taillefer
et la pointe boisée de Duingt.

Isolé entre le Fier
et un de ses anciens lits,
le château-forteresse
▼ *de Montrottier.*

Le long des rives du lac d'Annecy
se nichent des villages
fort prisés des touristes.
Sur les promontoires
sommeillent de fiers châteaux,
témoins d'un autre âge.
Monts, vallons et gorges
des alentours
offrent de belles promenades.

▲ *Le pont Morens sur le Thiou,*
une demeure ancienne
à tourelle d'escalier, des façades
aux chaudes couleurs...

Égayés de fleurs, ▶
les vieux logis d'autrefois,
le long des quais
du canal du Thiou.

Au bord de la «perle des Alpes»,
dans un décor de montagnes bien composé,
se trouve une séduisante cité
baignée de toutes parts par les eaux.
Ses canaux, qui serpentent entre les maisons
à lourdes arcades et voûtes irrégulières,
donnent à la vieille ville d'Annecy
tout son cachet.

6. Savoie des lacs

Dans un cirque boisé ►►
du massif des Aravis,
la chartreuse du Reposoir.
Fondée au XIIᵉ siècle,
elle est devenue monastère
de carmélites.

Établie sur un promontoire   *Près de Châtillon,* ►
s'enfonçant dans les eaux,   *un paysage*
l'abbaye de Hautecombe   *tout en demi-teintes*
▼ *a le lac pour horizon.*   *comme les aima le poète.*

Plus vaste et plus profond,
plus mystérieux aussi,
le lac du Bourget est devenu,
sous la plume de Lamartine,
l'un des lieux de prédilection du romantisme.
Sur son étendue moirée veille,
depuis des siècles, une abbaye solitaire,
dont la maison de Savoie,
en y enterrant ses princes et ses princesses,
fit son Saint-Denis.

8. Savoie des lacs

▲ *Le lac du Bourget,*
enchâssé dans un écrin
de montagnes.

*E*ntre Suisse et Dauphiné, la « province » de Savoie est de ces pays que l'on a peine à définir tant ils sont diversifiés. De hautes cimes souvent parées de neige, de grandes vallées transversales (cluses) qui découpent la chaîne en massifs, de profonds bassins où sommeillent des lacs tranquilles, telles apparaissent les Préalpes du Nord, que le Sillon alpin, ce boulevard utilisé par les glaciers, sépare des Grandes Alpes.

Les trois bastions préalpins — Chablais, Bornes ou Aravis, et Bauges — sont le domaine du calcaire, des sapins et des pâturages. Trois étendues lacustres en viennent rehausser l'harmonie : à l'ouest, le romantique lac du Bourget; au centre, le lac d'Annecy, tout aussi enchanteur, mais plus enfoncé dans la montagne; à l'est et en plaine, marquant la frontière avec la Suisse, la belle nappe du Léman.

Ces lacs ont succédé aux glaciers qui recouvrirent les Alpes au Quaternaire et qui, creusant et élargissant les vallées, poussaient devant eux d'énormes blocs arrachés à la montagne; ce sont ces épaves qui formèrent les moraines, ces barrages derrière lesquels se rassemblèrent les eaux libres après le recul des glaciers. Œuvre titanesque de la nature, à laquelle on doit trois purs joyaux.

Un lac « montagnard »

« Que manque-t-il à ces bois, à ce lac, à ces rochers, à cette nature, d'ailleurs si belle, mais muette encore, autre chose que des accents qui en soient comme la touchante voix?... Que d'endroits sur la côte, où l'on voudrait pouvoir, sinon vivre, du moins séjourner durant les beaux jours, pour s'y nourrir de contemplative méditation, de calme et de douce mélancolie!... ». Ainsi, au siècle dernier, l'écrivain suisse Rodolphe Töpffer s'enthousiasmait-il devant le lac d'Annecy, peut-être la plus séduisante, la plus limpide aussi — maintenant que ses eaux ont été purifiées — des trois principales nappes alpines, en tout cas la plus « montagnarde ».

Vaste de quelque 2 800 ha, étiré sur 14 km de long pour 3,5 km de large, il s'enchâsse à 446 m d'altitude dans un paysage admirable de monts et de forêts. Deux cuvettes le composent : le Grand Lac au nord et le Petit Lac au sud, dont les rives sont tantôt riantes et émaillées de villages — au nord —, tantôt escarpées et vêtues d'une végétation plus sombre — au sud. Sur le versant oriental s'enchaînent la tête du Parmelan, le mont Veyrier, les dents de Lanfon et la Tournette, belvédère culminant à 2 351 m. De l'autre côté, un plateau forestier amorce le massif des Bauges par des croupes arrondies dont la plus saisissante est celle du Semnoz, près du *crêt du Châtillon* (1 699 m), d'où l'on a, sans doute, le plus beau panorama de la région, ouvrant sur les sommets les plus prestigieux des Alpes occidentales.

Tout au bout du lac, Annecy, adossée à sa forêt de sapins, face à une riante campagne, est une porte des Alpes. On la dit aussi une « Venise », pour son lac et les canaux qui lui servent d'exutoire.

La « Venise savoyarde »

Dès la fin du néolithique, il existait ici une cité lacustre construite sur pilotis. Une petite ville gallo-romaine *(Boutae,* puis *Anneciacum)* lui succéda avant que, sous la protection d'un château, autour des canaux qui, aujourd'hui, constituent le charme du vieil Annecy, ne se serre la ville médiévale. Annecy, qui n'a cessé de grandir depuis, a su parfaitement accorder son passé et son présent.

Pour découvrir la vieille cité, il faut emprunter le pont sur le Thiou, déversoir du lac. Des maisons d'autrefois, aux toits rouges burinés par le temps, montent la garde de part et d'autre du canal, souvent flanquées de pittoresques tours d'escalier *(viorbes).* Au milieu du courant émerge le *palais de l'Isle.* Il fut prison, tribunal et, même, on y frappa monnaie. Le plus illustre de ses occupants fut le président Antoine Favre, jurisconsulte éminent et père du grammairien Vaugelas, qui y siégea avant de fonder, en 1607, avec ses amis François de Sales et Honoré d'Urfé (l'auteur de *l'Astrée*), l'Académie florimontane, ainsi appelée «parce que les Muses fleuryssoient parmi les montagnes de Savoye». À l'instar de celle d'Italie, cette institution, créée trente ans avant l'Académie française, se proposait de « grouper toutes les personnes de la bonne société qui s'occupent de littérature, agir sur l'opinion, répandre le culte du beau, créer des cours publics ». Les constitutions ouvraient les assemblées générales à «tous les braves maîtres des arts honnêtes, comme peintres, sculpteurs, menuisiers, architectes et semblables». Cependant, l'Académie florimontane ne survécut pas à la disparition de ses créateurs. Elle ne renaquit qu'en 1851, sous forme d'une société savante qui existe encore aujourd'hui à Annecy.

La *rue Sainte-Claire* — où siégeait l'Académie, dans l'hôtel particulier du président Favre — est bordée d'arcades encombrées d'éventaires, galeries trapues, presque fermées, que surmontent des façades aux fenêtres discrètement décorées (souvent par la Renaissance). Sous les remparts du château, tout le quartier est un amoncellement de maisons tassées autour desquelles allées et ruelles s'entrecroisent dans le clair-obscur. Certaines, aux pavés usés, grimpent jusqu'au château, imposante construction qui existait déjà au XIᵉ siècle. Jadis propriété des comtes de Genève, il passa en 1401 à la maison de Savoie, dont une branche reçut de François Iᵉʳ le duché de Nemours : d'où le nom actuel d'une partie du château, érigée au XVIᵉ siècle. Toute l'histoire d'Annecy et du Genevois se lit sur ce

Au pays des Aravis

Entre le lac d'Annecy et le Faucigny s'étale le *massif des Bornes,* jadis appelé *Genevois,* dont la partie la plus célèbre est le crêt des Aravis. Haute barrière accidentée, aux crêtes ébréchées par l'érosion, il culmine à 2752 m à la pointe Percée. Deux cols permettent de le traverser : celui des Aravis (1486 m) et celui de la Colombière (1613 m). C'est le domaine des alpages qui fournissent aux vaches le lait dont est fait le reblochon. Au commerce de ce fromage s'est consacrée la vallée de Thônes, dont Thônes et le Grand-Bornand sont les bourgs-marchés.

Au confluent du Fier et du Nom, *Thônes* se serre autour de son église du XVIIᵉ siècle, au clocher à bulbe ajouré surmonté d'une fine flèche de 42 m, qui s'élève sur une place entourée de vieilles maisons à arcades. Jean-Jacques Rousseau y vint folâtrer au manoir de la Tour. Les soldats de la Révolution y firent une incursion pour ramener à la raison la « Vendée savoyarde ». Aujourd'hui, un musée évoque le passé mouvementé de ce bourg.

Saint-Jean-de-Sixt est un paisible centre de villégiature environné de forêts de sapins. Au-delà de cette petite station, on rejoint au nord-est *le Grand-Bornand,* situé sur la Borne, dans un paysage de prairies et de forêts. Cette localité doit sa réputation plus aux reblochons qu'aux sports d'hiver, dans lesquels se sont spécialisés *Super-Grand-Bornand* et *le Chinaillon,* exploitant les champs de neige du mont Lacha. Poursuivant vers Cluses et la vallée de l'Arve, on peut faire une halte à

→

▲ *Prés fleuris, frais alpages, corniches de l'Étale : c'est déjà la haute montagne au col des Aravis.*

Annecy : au milieu du Thiou, tourelle en proue,
▼ *le curieux palais de l'Isle.*

...fice où fusionnent plusieurs styles et que flanquent quatre tours, ...t la plus ancienne est la quadrangulaire tour de la Reine. ...e l'esplanade intérieure, on découvre en contrebas Annecy et les ...ices religieux qui furent les berceaux de la foi savoyarde : l'*église ...t-Maurice,* élevée au XVᵉ siècle pour les Dominicains et maltraitée par la Révolution; l'*église Saint-François* (XVIIᵉ s.), qu'un incendie endommagea au XVIIIᵉ; la *cathédrale Saint-Pierre,* de conception ogivale (début XVIᵉ s.) et dont la façade fut refaite à l'époque classique. Dans cette cathédrale, François de Sales fut ordonné prêtre, dit sa première messe, reçut sa chaire épiscopale; Jeanla *chartreuse du Reposoir,* fondée en 1151, restaurée aux XVIIᵉ et XIXᵉ siècles. Abandonnée en 1901 par les moines de saint Bruno, elle est devenue couvent de carmélites. Un cirque boisé lui fait face, où s'enchâsse un petit lac.

De Saint-Jean-de-Sixt, le promeneur peut choisir aussi d'aller vers *La Clusaz,* où le ski est roi. Dans un site verdoyant et vallonné, ce village savoyard est groupé comme autrefois autour de son église au clocher à bulbe (XVIIᵉ s.). Au loin, la sévère silhouette des Aravis et le col du même nom. Pour regagner Thônes, il est conseillé de suivre, par le col de la Croix-Fry (1 467 m), la route de la *vallée de Manigod* arrosée par le Fier et plantée de sapins et de vergers.

Au nord-ouest du massif des Bornes, dans la dépression du même

▲ *Le monument aux maquisards du col des Glières, souvenir des tragiques combats qui s'y déroulèrent en 1944.*

nom, le *plateau des Glières,* ensemble forestier bien isolé, fut le théâtre d'héroïques combats en mars 1944, contre la Milice d'abord, la Wehrmacht ensuite. Les corps des maquisards des Glières furent rassemblés au cimetière militaire de Morette, près du défilé de Dingy, que franchit le Fier, et, en 1964, un petit musée a été installé à proximité des sépultures. En souvenir des services qu'elle rendit à la Résistance, la cité de Thorens est devenue *Thorens-Glières*. Mais Thorens, d'autre part, a vu naître François de Sales, en 1567, dans un château que Louis XIII fit démanteler. Une chapelle indique son emplacement. L'autre château, où s'établirent alors les Sales, a été épargné. Édifié au XVᵉ siècle et flanqué de trois tours, il s'ouvre en terrasse sur la montagne et domine

Jacques Rousseau y joua de la flûte et y chanta. De ce dernier, une rue du vieil Annecy, qui jouxte la cathédrale, porte le nom.

Non loin de là, à l'emplacement de l'ancien palais épiscopal, vécut Mᵐᵉ de Warens, que l'écrivain rencontra un « matin de Pâques fleuries de 1728 ». « Je m'étais figuré une vieille dévote bien rechignée... Je vois un visage pétri de grâces, de beaux yeux bleus pleins de douceur... », devait-il avouer dans ses *Confessions,* ajoutant : « Je dois me souvenir du lieu; je l'ai souvent depuis mouillé de mes larmes et couvert de mes baisers. Que ne puis-je entourer d'un balustre d'or cette heureuse place!... ». Un buste de Rousseau, placé au-dessus d'une fontaine, évoque depuis 1928 cette célèbre rencontre.

C'est dans le proche hôtel Lambert que François de Sales, Annécien illustre, ému de voir « tant d'âmes capables de Dieu s'amuser à chose moindre », rédigea son *Introduction à la vie dévote.* Il convainquit Jeanne-Françoise Frémyot, baronne de Rabutin-Chantal — la grand-mère de Mᵐᵉ de Sévigné — et fonda avec elle, en 1610, l'ordre de la Visitation. Trois siècles plus tard, sur les pentes du Semnoz, une basilique fut édifiée où, de part et d'autre de l'autel, reposent les reliques des fondateurs, saint François de Sales et sainte Jeanne de Chantal, canonisés respectivement en 1665 et 1767.

Annecy est assez vaste pour que l'on puisse y flâner. Sa croissance industrielle l'a certes transformée, mais elle demeure d'abord une ville de tourisme. La cité elle-même est attrayante : ses vieux quartiers, ses canaux et ses ponts, comme le pont des Amours, qui enjambe le canal de Vassé et sous lequel flirtent les cygnes, les bords du lac avec la majestueuse avenue d'Albigny ombragée de platanes, le jardin public cerné par les eaux la rendent à la fois pittoresque, aérée et souriante. En outre, située au débouché du lac et d'une des grandes cluses alpines, elle est le point de départ de quelques-unes des plus belles promenades de Haute-Savoie.

Sur le chemin des saints et des poètes

La première d'entre elles est évidemment le tour du lac, qu'on peut faire en bateau ou en voiture.

Quittons donc Annecy et contournons la baie d'Albigny à la courbe parfaite. Sur la gauche, la colline d'Annecy-le-Vieux résonne de tout son carillon, fondu par les Paccard, qui coulèrent aussi la célèbre « Savoyarde » (19 t) du Sacré-Cœur de Montmartre. Puis voici *Chavoires,* sous la menace permanente d'un rocher en équilibre instable. Plus loin, *Veyrier-du-Lac,* entourée de vergers et de villas, s'étale au pied du mont Veyrier — une ascension par téléphérique à ne pas manquer tant le panorama est grandiose sur Annecy, son lac, les montagnes environnantes, jusqu'aux glaciers de la Vanoise et au

mont Blanc, qu'on aperçoit par le col des Aravis. Puis on gagne *Menthon-Saint-Bernard;* la station, blottie dans la verdure, au creux du promontoire du Roc de Chère, vit sous la double protection de saint Bernard, qui y naquit au Xᵉ siècle, et de son château. De cette époque ne subsistent que les fondations : l'édifice date des XVᵉ et XVIᵉ siècles, et la cellule du saint est aujourd'hui transformée en oratoire. À Menthon vécut l'historien Hippolyte Taine (1828-1893), qui repose dans un mausolée, sur la face nord du Roc de Chère.

De l'autre côté de ce promontoire, à l'abri de ses falaises et à l'entrée du Petit Lac, *Talloires* s'étale au pied d'un coteau couvert de vignes. Au IXᵉ siècle y fut fondée une abbaye bénédictine dont les bâtiments actuels, datant des XVIIᵉ et XVIIIᵉ, sont devenus un établissement hôtelier. Ceux qui résisteraient aux sollicitations de la gastronomie, dont Talloires est un haut lieu, pourraient aller visiter l'ermitage de saint Germain, sis sur un rocher au-dessus de la bourgade. De la chapelle s'offre au regard un large panorama dont le château de Duingt (XIᵉ s.), sur l'autre rive du lac, au détroit qui unit les deux cuvettes, forme le premier plan. Au bas de l'éperon de Taillefer, le village de *Duingt* a su préserver son cachet savoyard avec ses vieilles maisons ornées de treilles. Vers le sud, la route suit le rivage du Petit Lac, traverse *Bout-du-Lac* et se perd dans la plaine marécageuse de l'Eau Morte. Vers le nord, elle ramène à Annecy par *Saint-Jorioz, Sévrier,* au pied du Semnoz, dans les vergers et les châtaigneraies, puis *les Marquisats* et son port de plaisance.

Mais les séductions des environs d'Annecy sont loin de se limiter au circuit du lac. Sans même parler de la montagne, l'avant-pays, à lui seul, vaut la visite. Les *gorges du Fier* y entaillent le calcaire poli par les eaux. La lumière s'infiltre à travers la verdure. On circule sur des galeries agrippées aux parois abruptes et qui mènent à la « mer de Rochers », chaos provoqué par des éboulements et le travail de l'érosion. Tout proche est le *château de Montrottier.* Perchée sur une éminence entre le cours du Fier et un ancien lit déserté par la rivière, cette forteresse (XIIIᵉ-XVIᵉ s.) appartient à l'Académie florimontane et abrite d'intéressantes collections d'armes, de céramiques et de sculptures. Non loin, *Rumilly,* petite capitale de l'Albanais, fut place forte avant d'être rasée par les Français en 1630. Elle a conservé quelques façades des XVIᵉ et XVIIᵉ siècles, ainsi que des maisons à arcades. L'ensemble est coquet et révèle la prospérité d'une campagne très verte.

Une invite à la rêverie

C'est par l'Albanais qu'on arrive au lac du Bourget, ce lac des états de l'âme auquel des strophes immortelles ont conféré une place

le ravin de la Fillière. Il abrite une belle collection de peintures (par Van Dyck, Rubens, Mme Vigée-Lebrun), des reliques de saint François, ainsi que des meubles chargés d'histoire, telle la table sur laquelle fut rédigé le traité d'annexion de la Savoie à la France. ■

Des Alpes au Jura

Le visiteur du Léman ne manquera pas de se rendre à *Annemasse,* ville très active qui, grâce à la frontière, a connu un développement à l'américaine et déborde largement de ses limites administratives.

De l'autre côté de la frontière est installée *Genève,* cité internationale que le lac et de belles perspectives sur les Alpes rendent pleine d'attraits. Au-delà de *Ferney-Voltaire,* point stratégique d'où Voltaire pouvait passer en Suisse pour fuir au bon moment ses créanciers ou la vindicte de la Cour, on n'est plus qu'à deux pas du Jura. D'abord *Bellegarde-sur-Valserine,* sise au confluent du Rhône et de la Valserine. Cette petite ville de passage, en plein développement industriel, est surtout fréquentée à cause des excursions qu'offrent ses alentours vers le nord, le riche pays de Gex, où trône le casino de *Divonne-les-Bains.* Vers le sud, le plan d'eau du *barrage de Génissiat,* qui fut au moment de sa mise en eau (1948) le plus puissant barrage de France : un « barrage-poids » haut de 104 m, long de 140 et large de 100 m à la base. Son lac (53 millions de m³) s'étire sur 23 km : un paradis pour les plaisanciers! À l'intérieur du

▲ *Le magnifique défilé de l'Écluse, première des cluses qu'emprunte le Rhône assagi pour franchir la barrière jurassienne.*

Les gorges du Fier, un long « corridor » étroit entre de hautes ▼ *murailles ravinées.*

choix dans la littérature. Plus d'un écrivain, sur les traces de Lamartine, vint se recueillir au bord de ses eaux. « En aucun autre endroit, écrivait Balzac, vous ne rencontreriez une plus belle harmonie entre l'eau, le ciel, les montagnes et la terre. Il s'y trouve des baumes pour toutes les crises de la vie... » Ses flots fréquemment agités, plus verts que bleus, moirés de gris et frangés de roselières, posséderaient-ils des vertus magiques? Plus sauvage que celui d'Annecy, le lac du Bourget porte sans doute à la rêverie, d'autant que de nombreux récits sur les « tempêtes » qui l'agitent l'enveloppent de mystère.

Étalé sur près de 4 500 ha, long de 18 km et large de 3, il s'encastre entre les chaînes trapues du Chat, à l'ouest, et du Corsuet, à l'est. Les marais de Chautagne et le canal de Savières (3 km) le font communiquer avec le Rhône, qui, au printemps et à l'automne, s'y déverse en partie. Sa grande profondeur (jusqu'à 145 m) rend le lac du Bourget très poissonneux.

Prenons *Le Bourget-du-Lac* comme point de départ du tour du lac. Situé au sud, à l'embouchure de la Leysse, il fut le port principal du lac lorsque fonctionnait encore la liaison fluviale avec Lyon, par le canal de Savières et le Rhône. Le château-prieuré, dont Humbert aux Blanches Mains entreprit la construction et qui fut confié ensuite aux moines noirs de Cluny, et l'église, élevée par les moines du prieuré, sont les deux joyaux de la commune. Le premier a conservé un cloître à deux galeries (XVe s.), ainsi qu'une bibliothèque tapissée d'un somptueux cuir de Cordoue. L'église abrite une frise, considérée comme le sommet de la sculpture savoisienne du XIIIe siècle.

De ce centre de villégiature, la route s'élève à l'ouest au-dessus du lac. La chaîne de la dent du Chat descend par degrés jusqu'à l'eau. Le petit village de *Bourdeau* s'étage autour de sa forteresse, où Montaigne logea en 1581. Les belvédères sont nombreux qui, s'ils exigent un détour, tels le sommet du Molard Noir et la terrasse au bas du relais de radiotélévision, récompensent largement le visiteur par les panoramas qu'ils offrent sur le lac, Aix-les-Bains et les Alpes de Savoie.

Mais rien de plus étonnant sur ce rivage que la présence de l'*abbaye royale de Hautecombe,* le « Saint-Denis » de la maison de Savoie, où 41 princes sont inhumés. Il y a tout juste la place d'un mouillage pour ce vaisseau cistercien, bâti au XIIe siècle, restauré dans le style gothique fleuri par Charles-Félix de Sardaigne au siècle dernier et confié en 1922 aux bénédictins de Solesmes. Dans l'église, richement sculptée, reposent les gisants et les cénotaphes de la famille de Savoie.

Au-delà de l'abbaye, la route franchit le canal de Savières et se faufile parmi les peupliers et roseaux de l'humide Chautagne. Sur un promontoire se profile le *château de Châtillon,* demeure seigneuriale

massif du Jura, la nappe tranquille de *Nantua*, enchâssée dans une cluse aux parois escarpées, est empreinte d'une sereine beauté. Au bord de ses eaux, Nantua est un agréable centre de villégiature, célèbre pour ses écrevisses et ses quenelles.

À ces paisibles paysages lacustres s'oppose la farouche grandeur du *défilé de l'Écluse*, superbe cluse séparant le Grand Crêt d'Eau de la montagne de Vuache et qu'emprunte le Rhône, large d'à peine 20 m. Deux routes épousent le pittoresque parcours. On peut encore choisir de monter au sommet du *Grand Colombier*, point culminant du Bugey (1 531 m). Du point de vue du Fenestré, qui domine de 900 m la plaine de Culoz, ou de la cime proprement dite, le panorama est superbe sur les Alpes et leurs trois

▲ *Plaisir de la pêche sur le lac de Nantua, aux rives abruptes couvertes de forêts.*

grandes nappes lacustres.

Au sud des cluses de l'Albarine et des Hôpitaux, le *Bas Bugey*, bien abrité, arbore une allure déjà méridionale. Plus riant avec ses vignobles et ses vergers qui couvrent les versants, il s'étend sur la chaîne du Molard de Don. *Belley* est sa capitale, sise dans un aimable bassin, entre l'Ousson et le Furans. Cité riche de souvenirs : Lamartine fut élevé dans son collège; Brillat-Savarin y naquit en 1755. Il faut y voir : le palais épiscopal, élevé par Soufflot, l'architecte du Panthéon; des maisons Renaissance à tourelle; la promenade ombragée du Mail; enfin, la cathédrale Saint-Jean, rebâtie au XIXe siècle (seul le chœur est du XVe) et qui, dans l'une de ses chapelles, abrite une magnifique Vierge en marbre de Carrare, sculptée par Chinard. ∎

du XIIIe siècle qui, malgré des remaniements, a gardé fière allure. Puis, suivant la rive orientale, la route serre le lac de près. Le village de *Brison-les-Oliviers*, où habitent pêcheurs et vignerons, et, non loin, la charmante baie de Grésine, où mimosas et oliviers poussent en pleine terre, atténuent la sévérité du paysage. La rive est ensoleillée. À proximité, Aix-les-Bains se prélasse au pied du mont Revard et de la colline de Tresserve.

Une station élégante

« Aix, la station des rois et la reine des stations. » Rares sont les cités thermales qui peuvent prétendre à pareil titre! *Aix-les-Bains* a, en effet, traité bien des souverains. Henri IV s'y reposa après la bataille de Montmélian, Marie-Thérèse d'Autriche, Pauline Borghèse, l'impératrice Marie-Louise, Victor-Emmanuel Ier et la reine Victoria furent de ses clients. Elle s'est ouverte depuis aux assurés sociaux : ils sont innombrables à venir essayer ses eaux guérisseuses, connues déjà des Romains, qui avaient bâti des thermes dans l'antique *Aquae Gratianae*. Deux sources soignent, outre les rhumatismes, les névrites, les séquelles de paralysie infantile et les ennuis cellulitiques.

Station thermale recherchée, Aix-les-Bains a bien d'autres attraits : la clémence de son climat, la proximité des sites d'excursion, les plaisirs du lac (pêche, sports nautiques), la possibilité de pratiquer les sports d'hiver sur les hauteurs environnantes. De plus, le boulevard du Lac, face à la dent du Chat, les larges rues du centre aux belles vitrines, le parc de l'établissement thermal de Marlioz (33 ha), qui, à proximité de la station, s'est spécialisé dans les affections oto-rhino-laryngologiques, sont des lieux où l'on a plaisir à flâner. Sans compter que, pour les curieux d'histoire et d'art, Aix-les-Bains a des vestiges romains (l'arc de Campanus, le temple de Diane), des musées (musée d'Archéologie et de Préhistoire et, surtout, l'un des musées les plus intéressants de Savoie, celui du Docteur-Faure, avec ses collections de peintures des XIXe et XXe siècles, ses œuvres de Rodin, Carpeaux, Maillol, et sa salle évoquant les séjours de Lamartine dans la région). Enfin, pour la distraction, Aix dispose d'un grand casino; de nombreuses fêtes y sont organisées, des spectacles y sont montés. Aix-les-Bains est une cité vivante, qui a su s'accorder aux besoins du tourisme.

Ses environs se prêtent aux promenades : *le Revard* (1 537 m), dernier ressaut des Bauges — de ce plateau de prés-bois, la vue est étendue sur le lac du Bourget et le massif du Mont-Blanc; le circuit de *la Chambotte*, qui, par la Biolle, mène au village de Chambotte puis à un belvédère aux larges horizons; enfin les *gorges du Sierroz*, que l'on suit en bateau.

Chambéry, capitale ducale

Au sud d'Aix-les-Bains, au creux de sa cluse, *Chambéry* est dep de longs siècles le cœur de la Savoie. Au temps de l'État savoya comtes et ducs y tinrent gouvernement. Promue capitale dès 1232,

Une citadelle méconnue : les Bauges

Entre le lac d'Annecy et la cluse de Chambéry, le *massif des Bauges,* que protègent d'impressionnants escarpements, offre des paysages voués en grande partie à la vie pastorale. Certes, il a ses hautes cimes, qui dépassent 2 000 m. Il possède aussi de profondes vallées, telle la *combe d'Ire,* au fougueux torrent coupé de cascatelles. Tel aussi le *vallon de Bellevaux,* boisé et sévère, l'un des plus encaissés du pays alpin; un monastère s'y dressait jadis, dont il ne subsiste aujourd'hui qu'un oratoire et une chapelle, dite « de la Sainte-Fontaine ».

Largement arrosé et peu fertile, le massif est couvert en grande partie par des forêts (hêtres au niveau inférieur, sapins et épicéas plus haut). Le reste est occupé par les pâturages que hantent les vaches de la race d'Abondance. Les fermes ont des murs de pierre, un balcon de bois et un toit à quatre versants qui s'élève haut et déborde largement.

Domaine de la vie simple et de la nature, a été créée, à l'est du massif, une réserve nationale où la faune est extrêmement riche : chamois, chevreuils, marmottes, mouflons de Corse. Les Bauges sont goûtées des promeneurs et des pêcheurs, qui connaissent bien les villages du *Châtelard* et de *Lescheraines,* car les truites abondent dans le Chéran et le Nant des Aillons. ∎

Salève et Faucigny

Ses falaises se profilent en toile de fond de Genève. Elle étire, au sud

⟶

▲ *À l'entrée de la haute vallée du Chéran, Le Châtelard, pittoresque petit bourg du massif des Bauges.*

Les bateaux de plaisance du Grand Port d'Aix-les-Bains se détachent sur les pentes sombres ▼ *de la rive occidentale du lac.*

...t sa prospérité aux trois Amédée : Amédée VI, le comte Vert ...43-1383), Amédée VII, le comte Rouge (1383-1391), et ...médée VIII, le duc-pape (1391-1440). Mais, au XVIᵉ siècle, avec le ...nsfert de la capitale à Turin, la cité perdit son importance. Elle ne ...retrouva que sous la Révolution, où elle devint chef-lieu du département du Mont-Blanc, puis avec la restauration de la monarchie sarde en 1814. Aujourd'hui, bien qu'éclipsée par Grenoble pour le développement commercial et industriel, elle garde son prestige.

Les Romains avaient fondé un oppidum sur le verrou glaciaire du Lémenc dominant la plaine où passait la voie d'Antonin. La maison de Savoie choisit de s'établir sur la terrasse de Maché. Entre ces deux promontoires se construisit la cité.

Le centre de la ville, touché par le bombardement de 1944, a néanmoins conservé un charme désuet qui atteste la splendeur passée. Ses artères en témoignent : la rue de Boigne, bordée d'arcades majestueuses, portiques à la manière turinoise que Stendhal goûtait fort; la rue Basse-du-Château, dont autrefois les carrosses écrasaient les pavés; la rue Croix-d'Or, jadis aristocratiquement habitée, avec ses beaux hôtels des XVIIᵉ et XVIIIᵉ siècles. Rues et places bruyantes de vie comme en Italie, cours intérieures qui communiquent entre elles par des galeries voûtées, passages menant à la cathédrale Saint-François-de-Sales (c'est l'ancienne chapelle du couvent des franciscains, élevée aux XVᵉ et XVIᵉ siècles, dont la façade est flamboyante et l'intérieur, austère, de style gothique savoyard)... On en arrive à oublier que Chambéry est ville de montagne.

Sur elle veille le château des ducs de Savoie. Citadelle et résidence seigneuriale, il n'a gardé de l'époque féodale que la tour Ronde de l'ancien donjon. Rebâti aux siècles suivants, endommagé par des incendies, il nous apparaît tel que le XIXᵉ siècle l'a parachevé. La Sainte-Chapelle, gothique, arbore une façade de style « jésuite ».

Mais toute visite de Chambéry ne peut manquer de passer par la fontaine des Éléphants, élevée à la mémoire du général comte de Boigne (1751-1830), bienfaiteur de la ville, qui avait trouvé gloire et fortune aux Indes. Curieux monument, symbole d'un exotisme que seul Hannibal avait réussi à introduire lorsqu'il passa les Alpes. Enfin, musées et églises, dont celle de Saint-Pierre de Lémenc, construite sur un site gallo-romain, ajoutent à l'intérêt de Chambéry.

Tout autour de la ville, les buts de promenades abondent. À commencer par le chemin qui conduisit Jean-Jacques Rousseau aux Charmettes, auprès de Mᵐᵉ de Warens. La demeure campagnarde est transformée en musée : l'aménagement intérieur a été reconstitué et y sont rassemblés documents et estampes. Autre promenade classique, celle qui mène à *Challes-les-Eaux,* sise là où la cluse de Savoie rejoint le Sillon alpin. Ses eaux sulfurées sont souveraines dans le traitement des affections vocales. On peut gagner aussi *la Féclaz,* qui reçoit indifféremment le skieur de fond et l'estivant, la *cascade de la Serraz,* à l'entrée du parc du château de la Serraz, la *gorge du Bout-du-Monde,* que surveille le château de la Bâtie, le mont Revard ou le Nivolet. S'offre aussi l'excursion au charmant *lac d'Aiguebelette,* à quelque 25 km à l'ouest de Chambéry. C'est une nappe bleue de 4 km

d'Annemasse, une échine qui culmine à 1 380 m au Grand Piton, et d'où le regard embrasse de larges horizons : le Jura, le Léman, le Faucigny, le mont Blanc. C'est la *montagne du Salève,* où les grimpeurs suisses, amateurs de ses parois calcaires, ont créé le terme de « varappe » (du nom d'un de ses passages les plus connus). De Bas-Mornex à Cruseilles, une route permet de la découvrir, jalonnée de beaux coups d'œil sur les crêtes jurassiennes et savoyardes. Il faut la faire en fin de journée, lorsque la lumière précise les contours et ouvre les panoramas.

Le Salève est près du débouché de la cluse du *Faucigny,* qui permet d'atteindre le massif du Mont-Blanc et où l'on continue à pratiquer le décolletage, cette fabrication minutieuse de petites pièces de

mécanique. Ses abords côté Chablais au nord, ou Bornes au sud, sont autant prisés des promeneurs que des escaladeurs.

La Roche-sur-Foron commande l'entrée de la cluse, au pied du fantomatique château des comtes de Genève, construit sur la « roche ». *Bonneville,* son ancienne capitale, à la rencontre du Borne et de l'Arve, est un centre de rayonnement touristique. *Cluses* se voue surtout à l'industrie de précision. ■

Des spécialités fromagères

La Savoie est par excellence un pays fromager, qui produit :
— le *beaufort :* pâte cuite pressée, fabriquée avec le lait non écrémé des vaches de race tarentaise et abondance, sur les alpages du

▲ *Au cœur de la chaîne des Aravis, près du Grand-Bornand, le petit village du Chinaillon.*

Dans le château des ducs de Savoie, à Chambéry : la tour Ronde, ancien donjon féodal,
▼ *et l'arcade du portail Saint-Dominique.*

de long et 3 km de large, étirée au pied de la montagne de l'Épine, dont les pentes abruptes et boisées la dominent d'environ 1 000 m. À mi-chemin des marches rhodaniennes et dauphinoises, elle offre à Lyonnais et Grenoblois un centre attractif de pêche, de canotage et de baignade. La douceur du climat, la relative tiédeur des eaux attirent bien des touristes dans ses petites stations : *Saint-Alban-de-Montbel, Lépin-le-Lac, Aiguebelette, La Combe-du-Lac.*

Enfin, pourquoi ne pas pousser par les *abîmes de Myans* — un curieux ensemble de rochers et d'étangs — jusqu'à la *combe de Savoie,* qui mène à Albertville. Vergers, champs de maïs et de tabac, vignobles y accompagnent le cours de l'Isère. Le château de *Miolans,* sur un éperon qui domine la combe de 200 m, fut, sous les ducs de Savoie, la « Bastille savoyarde », de sinistre mémoire. Et, pour embrasser la combe dans son ensemble, on empruntera la route du fort du Mont au départ de Conflans, ou celle du col du Frêne.

Au bord du Léman

Au XIVe siècle, pour joindre Chambéry aux rivages du Léman, il fallait trois journées à cheval. Aujourd'hui, deux heures de route suffisent. Ce lac, d'une étendue de 58 000 ha, est un géant franco-suisse en forme de croissant, long de 72 km, large au maximum de 13,9 km et dont la profondeur atteint 409 m. Il est l'une des grandes réserves du château d'eau alpin.

De Hermance à Saint-Gingolph se déploie, d'ouest en est, la côte française. C'est le bas Chablais, vignoble, jardin, verger et pâturage de la Haute-Savoie. Des stations s'échelonnent au fil du rivage. *Yvoire,* d'abord, est un clin d'œil du passé. Deux portes gothiques donnent accès à ce bourg fortifié, qui eut son importance à l'époque des luttes entre Savoie et Dauphiné. Une enceinte du XIVe siècle protège du côté de la terre. Le château, couronné d'un donjon rectangulaire, en est la pièce maîtresse. Les maisons médiévales et les rues en pente sont abondamment fleuries. Au-delà d'Yvoire, ouvrant sur le golfe de Coudrée, *Excenevex* possède la seule plage de sable du lac, dont les dunes sont le domaine de plantes rares (orchidées, renoncules arctiques).

Sur cette route qui conduit à Thonon, ou aux abords, demeures seigneuriales et châtellenies abondent. Le *château de Coudrée,* devenu en partie hôtel, s'entoure d'une épaisse forêt de buis géants d'Arabie (6-10 m). Les deux forteresses féodales des *Allinges* — Château-Neuf et le Château-Vieux — appartenaient l'une aux comtes de Savoie et l'autre aux sires de Faucigny. Un petit ravin sépare deux bastions ennemis, qui défendaient chacun un village fortifié. Après Thonon, *Ripaille,* le plus célèbre de ces châteaux, rassemble

▲ *Sur la «Riviera du Léman»,
Meillerie, vieux village de pêcheurs,
allongé entre la montagne boisée
et les eaux clapotantes du lac.*

Beaufortin, de la Tarentaise, des cols de la Madeleine et du Mont-Cenis. Son goût de noisette et la finesse de sa pâte sont très appréciés des gastronomes;

— la *tomme de Savoie* : pâte molle préparée à partir d'un lait de vache partiellement écrémé. Ce fromage non lavé, à croûte dure, est d'un goût relevé et subtil. Autrefois, certains fermiers affinaient la tomme dans du marc de raisin. Aujourd'hui, la tomme aux raisins n'est qu'une contrefaçon industrielle;

— le *tamié* : pâte molle à base de lait de vache, fabriquée par les trappistes de l'abbaye de Tamié, située non loin du lac d'Annecy. Il évoque le reblochon en moins crémeux et plus parfumé;

— le *reblochon* : spécialité de la Haute-Savoie, mais dont la fabrication s'étend aussi à la Savoie (val d'Arly, haute Maurienne). Le pays de Thônes est le berceau de cette pâte molle confectionnée avec du lait naturel, non écrémé (vaches des races tarine et d'abondance). Fromage onctueux, délicat, que revêt une croûte légère lavée.

Il faudrait encore citer le *vacherin* crémeux, le *chevrotin* (chèvre), le bleu persillé de Tignes, ou tignard (vache et chèvre), le bleu du Mont-Cenis (vache, brebis et chèvre), tous fromages savoyards, mais non des Préalpes. ■

Des petits vins malicieux

Selon les auteurs latins (Columelle, Pline l'Ancien), les vins de l'Allobrogie étaient déjà fort goûtés à Rome, et l'on en a parlé

→

*Thonon-les-Bains :
le château de Rives regarde
le port où sont amarrés
▼ les bateaux du Léman.*

cour de Savoie sous Bonne de Bourbon, l'épouse du comte Vert. Amédée VIII, l'antipape devenu duc-ermite, transforma Ripaille en un lieu de méditation. Pour loger ses six compagnons de l'ordre de Saint-Maurice, qu'il créa, il fit élever des corps de logis, surmontés de tourelles, identiques au sien. Il n'en subsiste aujourd'hui que trois, dressés au milieu de tilleuls séculaires et de vignes.

Du passé au présent, il n'y a qu'un pas. *Thonon-les-Bains* est la capitale active et accueillante du Chablais. En 523, le roi de Bourgogne Sigismond vint y chercher refuge. Aujourd'hui, la ville n'offre plus asile qu'aux touristes et aux curistes (ses eaux traitent les affections urinaires, les troubles métaboliques du sodium, l'arthritisme). Elle a ordonné ses activités autour de nobles façades, sur une terrasse située face au lac. Le Jura et les Alpes vaudoises composent la toile de fond de ce paysage d'eau et de montagne. La justice est rendue dans l'élégant château de Bellegarde. Le musée chablaisien est installé dans les salles du château de Sonnaz, et la municipalité, derrière les balustres d'un hôtel sarde. Les places sont fleuries, les parcs tirés au cordeau, et la tradition s'exprime par des manifestations centenaires, comme la foire des Crêtes. Le vieux Thonon, avec la basilique néo-gothique Saint-François-de-Sales et les maisons de pêcheurs du quartier de Rives, offre d'agréables buts de flânerie qui peuvent se poursuivre à bord d'un «paquebot» lacustre. À moins qu'on ne vise la capture patiente d'une friture de perchettes, d'ablettes ou de brochets... À proximité, le village de *Larringes* offre un belvédère de premier ordre sur le Léman, les environs d'Évian et, au sud, la cime du mont Blanc. Une halte s'impose ensuite à *Amphion-les-Bains*, où la poétesse Anna de Noailles, dans sa villa «Bessaraba», reçut les esprits les plus brillants de son temps.

Puis voici *Évian-les-Bains*, qui a des allures mondaines. Celle-ci naquit à l'élégance touristique voilà moins d'un siècle, après qu'elle eut fait de la cure un divertissement. Elle soigne les organismes fatigués (maladies de reins, diabètes) et s'emploie à distraire les «malades». Établissement thermal, casino, golf vont de pair. Sur le «front du lac», qui empiète sur les eaux et d'où l'on voit Lausanne, alternent pelouses peignées et massifs de fleurs. Une seule rue traverse Évian et draine les autres voies descendant des contreforts verdoyants du Chablais, sur lesquels s'étagent palaces et hôtels.

Meillerie est l'étape suivante, sur le chemin de Saint-Gingolph. Dominé par son église, ce village vit surtout de la pêche. Sur le sol sont étalés les filets qui ont tiré de l'eau perches, féras et ombles chevaliers. Naguère, on complétait cette activité par le débitage des plaques de calcaire arrachées aux falaises auxquelles Meillerie est adossée; elles étaient chargées à bord de barques à voiles que l'on dirigeait vers Genève. C'est dans ce cadre pittoresque que Jean-Jacques Rousseau situa quelques scènes de *la Nouvelle Héloïse*.

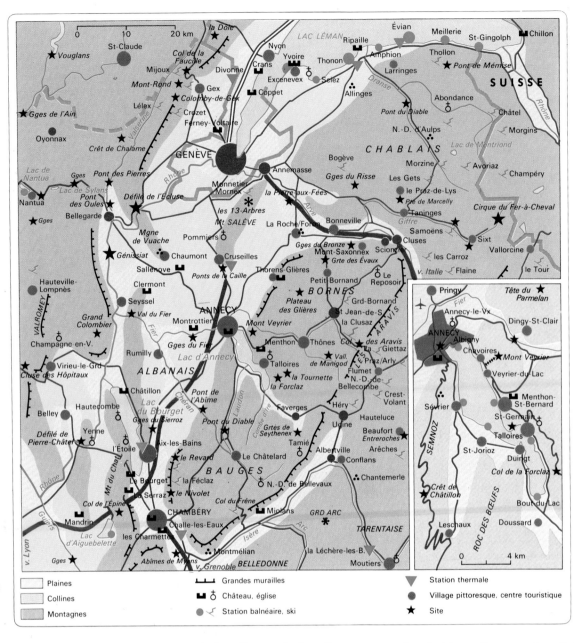

Plaines
Collines
Montagnes

⊢⊣ Grandes murailles
🏰⌖ Château, église
● ⛷ Station balnéaire, ski

▼ Station thermale
● Village pittoresque, centre touristique
★ Site

constamment depuis. Aujourd'hui, fidèles à leurs cépages — adaptés au climat rude de la montagne —, les départements de Savoie et de Haute-Savoie produisent une assez large gamme de vins « subtils et parfois perfides » (Henry Bordeaux) et qui ont souvent un goût de pierre à fusil, tels les mousseux d'*Ayse* (région de Bonneville).

La plupart ont le label de qualité V. D. Q. S. (vins délimités de qualité supérieure). Deux font partie de la famille raffinée des « appellations d'origine contrôlée » : *crépy* et *seyssel*. Le premier, provenant du chasselas dont le vignoble couvre les coteaux calcaires des bords du Léman, est un vin blanc très sec, très légèrement pétillant, élégant et doté d'une agréable acidité qui s'estompe avec l'âge. Le second, fabriqué à partir du cépage roussette, est originaire de la vallée du Rhône. C'est un vin blanc au bouquet délicat et au parfum de violette. Le seyssel mousseux a de nombreux adeptes.

Cependant, les autres crus savoyards méritent aussi l'attention des gourmets. Les plus connus sont les blancs, légers, vifs et fruités, que l'on sert en apéritif ou pour accompagner un poisson. Ce sont *abymes* et *apremont*, produits par un vignoble qui, près de Chambéry, couvre les contreforts du roc du Garnier. Ce sont aussi les vins de la *Chautagne*, de *Chignin* et de *Saint-Jeoire-Prieuré*, de *Cruet*, de *Montmélian* et de *Saint-Jean-de-la-Porte*. On ne saurait oublier de citer également les crus de *Charpignat*, de *Marignan*, de *Ripaille* et, surtout, racées et spiritueuses, les *roussettes* (de *Frangy, Marestel, Monthoux, Monterminod*). Quant aux rouges et aux rosés, certains ont acquis une réputation locale, tels les rouges de Veyrier et de Talloires. Plus spécifiques sont le *gamay de Savoie*, produit en Chautagne, la *mondeuse de Savoie*, qui se récolte à Arbin, Chignin, Cruet, Montmélian, Saint-Jean-de-la-Porte, et le *pinot*. ■

Enfin, voici *Saint-Gingolph*, arrêt-frontière, mais frontière souriante et largement ouverte. C'est un capitaine de Pépin le Bref, décidé à se faire ermite au retour d'une campagne en Lombardie, qui s'installa sur les bords de la Morge, le torrent qui matérialise aujourd'hui la séparation entre la France et la Suisse, et fonda Saint-Gingolph. Ici, tous les édifices publics existent en double exemplaire, à l'exception de l'église. On raconte que, sous les rois, les jeunes Savoyards, profitant de la confusion qu'entretenait cette situation, s'engageaient dans la garde suisse, où l'on percevait double solde. Là se termine la façade française du lac, qui possède un arrière-pays alpestre d'une rare beauté.

Flâneries dans l'arrière-pays

Bordé par la rive méridionale du Léman, le *massif du Chablais* est successivement composé de coteaux plantés de vignobles, de plateaux aux verts pâturages, de hautes montagnes couvertes de forêts et d'alpages. Ainsi s'étage-t-il en *bas Chablais*, la « Riviera de la Savoie », dont Évian est la reine, en *pays Gavot*, que délimitent le lac et la vallée de la Dranse d'Abondance, et en *haut Chablais*, qui culmine à près de 2 500 m aux Hautforts.

Le pays Gavot correspond à « ces vallons suspendus dans le ciel du Valais... » évoqués par Lamartine dans ses *Méditations*. La vigne y pousse et grimpe parfois au tronc des châtaigniers; cerisiers et

framboisiers alimentent les distilleries. On se perd vite parmi les hêtres et les résineux. Des chapelles et des châteaux signalent l'attachement à la terre d'hommes du passé et du présent : le clocheton de Neuvecelle et celui à campanile de Maraîche, les tours de Blonnay où les princes de Savoie venaient prendre le frais... Tous les charmes d'un séjour champêtre sont réunis ici, avec, en toile de fond, le pic de Mémise (1 677 m).

Puis le paysage se fait montagnard; mais le relief reste longtemps calme, à peine au-dessus de 1 000 m. Déboisé en grande partie par les moines défricheurs, le haut Chablais est un pays pastoral, domaine de vals ombreux, habités de chalets et de scieries, arrosés de torrents où saute la truite vagabonde. Les pâturages descendent bas et la forêt est émaillée de clairières. Au carrefour des vallées de la Dranse et de Malève s'est installée *Abondance*. La qualité de ses alpages a donné naissance à une race de vaches particulièrement appréciée, rameau de la pie rouge de l'Est — des bêtes robustes que n'effraie pas la très haute altitude. La région d'Abondance fut autrefois un de ces centres de colonisation monastique qui rappellent ceux du haut Jura. De l'abbaye subsistent le cloître, en partie ruiné mais dont les fresques originales consacrées à la vie de la Vierge sont encore visibles, et une imposante chapelle, fortement restaurée au fil des siècles. *Saint-Jean d'Aulps*, dans la Dranse de Morzine, est un autre exemple de ce rayonnement spirituel avec son abbaye Notre-Dame d'Aulps (XIe s.) dépendant de Cîteaux, que le XIXe siècle a dépecée, ne laissant subsister qu'une élégante façade à rosace.

terres farouches des Préalpes
le Vercors et la Chartreuse

◄ *Randonnée au creux*
du grandiose cirque d'Archiane,
dans la montagne de Glandasse.

*P*uissante citadelle bâtie dans le calcaire,
cernée d'abrupts en remparts,
flanquée de cimes qui ont allure de donjons,
affouillée de toutes parts par les eaux,
le Vercors, qui a vécu de longs siècles d'isolement,
est aujourd'hui parcouru de routes audacieuses,
tracées au fond de gorges ou à flanc de paroi.

*Vercors presque irréel,
de la route des Belvédères
mène au col de la Bataille.*

Taillée en corniche, ▶
*la vertigineuse route
de Combe Laval.*

*Le Vercors ne se laisse pas découvrir aisément sur les hauts plateaux rocailleux,
au creux des vallées tapissées de prairies et de bois,
dans le secret des gouffres et des grottes de son labyrinthe souterrain.*

profonde entaille
gorges de la Bourne,
qu'on peut la voir
Saint-Julien-en-Vercors.

▲ *Pâturages et forêts*
sur le plateau de Saint-Nizier,
réputée pour la salubrité
de son climat.

Des grottes de Choranche, ▶
celle de Coufin,
aux longues stalactites,
est la plus féerique.

Vercors. 5

La beauté des sites,
la richesse de la végétation forestière,
la variété de la flore
qui émaille les alpages,
la densité des chemins touristiques
font du Vercors
le domaine privilégié de la randonnée.

Dans les gorges
de la Bourne,
l'impressionnante
▼ cascade de Gournier.

Le plateau semé ▶
de pins et d'épicéas,
au pied du balcon
du Grand-Veymont.

▲ Une touche de couleur
avec l'épilobe.

Les sap
de la forêt de Villa

Âpres paysages du Vercors
où, constamment, le regard se heurte
à de hauts versants escarpés,
rude terre qui semble se refuser à la vie...
Et pourtant au plus profond des vallées
se nichent d'aimables villages.

▲ *Collées à la falaise,*
dominant une Bourne apaisée,
les pittoresques maisons
de Pont-en-Royans.

Les ruines du châ[t]
d'Aix-en-D
et les impressionnants à-[p]
de la montagne de Glanda[

Dénudé et solitaire, ▶
le Grand-Veymont,
point culminant
du massif du Vercors.

▲ *Au pied du Moucherotte,*
un émouvant souvenir
d'un passé encore proche :
le cimetière de Saint-Nizier.

*B*astions avancés des grandes Alpes, sculptés dans le calcaire, dotés de falaises en remparts, Vercors et Chartreuse joignent aux caractères de la haute montagne (une grandeur farouche, une neige qui, si elle n'est pas éternelle, se plaît à durer) les signes avant-coureurs d'un Midi qui n'est plus très loin et les mystères de tout un univers souterrain.

D'un côté de l'Isère, la Chartreuse est « désert » de verdure et de rocailles où poussent, dans le secret, les cent trente plantes qui macèrent dans les alambics des fils de saint Bruno. Terre solitaire et recueillie, elle a su préserver la paix de ses sites, malgré un tourisme auquel elle s'est très tôt trouvée exposée par la proximité de grandes villes. De l'autre côté de la rivière alpine, terre méconnue, terre ignorée, le Vercors le doit à son relief : les huit portes dont on le crédite ne furent longtemps que des chatières par où s'écoulaient une maigre production et une main-d'œuvre saisonnière. Et pourtant, le Vercors, quel enchantement pour ceux qui savent, des skieurs de fond aux spéléologues, des promeneurs aux amateurs de panoramas : un monde pour le sport, le plaisir des yeux et le repos.

La lourde table du Vercors

Le Vercors a pour limites la plaine de l'Isère et la vallée du Drac, le Trièves et le cours de la Drôme, qu'il domine de ses hautes murailles, aux abrupts souvent vertigineux. Ses horizons sont ceux d'une lourde table de calcaire urgonien, de quelque 950 km² de superficie, comme dressée pour le festin d'un titan. Cette table est bancale et recouverte d'une nappe mal repassée, parfois déchirée, qui ondule en vagues successives, avec des lignes de crêtes nord-sud. Au creux de ces amples ondulations s'abritent les villages.

C'est là terre de petite montagne; si le Grand-Veymont culmine à 2 341 m, l'altitude moyenne avoisine 1 000 m. Au-dessus de 1 500 m, la vie semble absente. Rien de surprenant à cela : ce n'est pas, en mauvaise saison, une montagne « aimable ». Le climat s'y montre sans douceur, la neige persiste sur les hauts plateaux six mois durant, la pluie s'y manifeste 150 jours par an : cette table est érigée face aux vents d'ouest, qui la frappent de plein fouet. Aussi est-elle couverte de prairies et de forêts : sapins, épicéas et hêtres se disputent les pentes. C'est seulement tout au sud que le manteau forestier s'éclaircit : les chênes pubescents annoncent le Diois, et le Diois annonce le Midi.

Longtemps, seigneurs de Sassenage et évêques de Die se partagèrent les privilèges et prébendes tirés de l'exploitation du bois. On bûcheronnait, on charbonnait, et souvent clandestinement, en infraction avec une législation féodale qui ne badinait guère. Par leur intransigeance, les barons mitrés et leurs gens s'attirèrent de solides inimitiés parmi les populations. Cette attitude leur fut comptée plus tard : les foudres révolutionnaires, renforcées par la vindicte populaire, ruinèrent leurs établissements. Ainsi fermèrent les chartreuses des Écouges et de Bouvante et l'abbaye cistercienne de Léoncel dont ne subsiste qu'une église romane.

Toutes ces plaies historiques sont aujourd'hui oubliées et la forêt continue d'imposer sa loi. Elle couvre 70 000 ha. Les massifs sont nombreux : la hêtraie des Coulmes, au nord de la Bourne; la forêt de la Loubière, près de Villard-de-Lans; celle des Clapiers, autour d'Autrans et de Méaudre; la sapinière de Vassieux-en-Vercors; la forêt domaniale du Vercors sur les hauts plateaux. Mais c'est autour de la grande clairière de *Lente* que la forêt mystique, sombre et profonde, s'est rassemblée, réserve inépuisable de bois et réserve nationale de chasse. Le village est presque entièrement peuplé d'agents forestiers, de piqueurs de coupes et du personnel des Ponts et Chaussées. Il ne faut pas aborder le labyrinthe que forme cette forêt de Lente sans s'être auparavant informé. Les hautes futaies de conifères et de hêtres, bordées d'acacias et de chênes nains, sont fixées dans un sol instable, dont le tapis végétal dissimule « pots » et « scialets » (puits naturels), creusés par l'infiltration des eaux, et cède parfois sous le poids du promeneur imprudent.

Face à ces vastes étendues de forêts, les prairies font diversion. Au-dessus de 1 600 m, dans la région des hauts plateaux qui, de Corrençon-en-Vercors à la montagne de Glandasse, étalent quelque 20 000 ha de solitude, elles servent d'alpages et s'émaillent, au fil des saisons, de fleurs délicates.

Un parc naturel régional

Ce pays rural et pastoral associe deux contrées jadis dos à dos en raison de la profonde coupure des gorges de la Bourne qui les sépare, les Quatre Montagnes, ou la montagne de Lans (Lans, Villard-de-Lans, Autrans, Méaudre), et le Royans, toutes deux différemment administrées, l'une par l'Isère et l'autre par la Drôme. Deux contrées qui longtemps furent contraintes de vivre repliées sur elles-mêmes. De dures conditions de vie certes, mais c'est sans doute à cela que le Vercors doit d'avoir gardé une certaine pureté et d'avoir préservé un patrimoine naturel, végétal autant qu'animal (bien que l'ours brun ait disparu, le dernier ayant été tué en 1938), d'une grande richesse. En 1964, une société se fonda pour la sauvegarde des hauts plateaux. Et le 16 octobre 1970, un décret décidait de la création du *parc naturel régional du Vercors*, couvrant 135 000 ha, à cheval sur les départements de l'Isère et de la Drôme. La montagne de Lans, le massif

La première des « premières » alpines

Entre Vercors et Dévoluy, au sud du plateau de la Matésine, dont il est séparé par le canyon du Drac, le *Trièves* déploie, de 800 à 1 000 m, ses horizons verdoyants, profondément fouillés par les eaux de l'Ébron. Mais, si les gorges encaissées qu'y a taillées la rivière paraissent sévères avec leurs parois de schiste noir, si certains paysages évoquent les Alpes du Nord (comme au col de la Croix-Haute), la sérénité de l'atmosphère et la douceur du ciel annoncent déjà la Provence. Dans le bassin supérieur de l'Ébron, au pied des à-pics calcaires du Dévoluy, la bourgade de *Tréminis* est un lieu de séjour estival fréquenté. De là, le visiteur peut gagner de nombreux points d'où le regard embrasse les montagnes environnantes, la corniche du Drac ou le lac artificiel du Sautet, tout proche. De là, il peut visiter les petites stations de *Saint-Maurice-en-Trièves, Lalley, Clelles,* ainsi que la modeste « capitale », *Mens,* avec ses vieilles maisons à auvent.

La célébrité du Trièves vient du promontoire à la rigoureuse verticalité qui s'élève sur les ultimes contreforts du Vercors. Sommet légendaire que le mont Aiguille (2 086 m). Il figura longtemps au palmarès des « Sept Merveilles du Dauphiné ». Énorme rocher tubulaire, tronqué en biseau à son extrémité, il était considéré comme l'un des piliers de l'Olympe et tenu pour inabordable en raison de sa raideur, ce qui lui avait primitivement valu le surnom de « Mont inaccessible ». Le roi

▲ *La silhouette insolite du mont Aiguille, le sommet le plus populaire du Dauphiné.*

Sur les rochers de Presles, au-dessus des gorges de la Bourne et face aux escarpements ▼ *de la Grande Cournouse.*

oulmes, le balcon oriental de Prélenfrey à Chichilianne, le canton du ercors, le Royans et une partie du Diois se trouvaient ainsi réunis ur la protection et la mise en valeur de leur territoire. Ils sont jourd'hui lancés dans la grande aventure du tourisme et des loisirs, ec prudence et sagesse.

Dans le parc naturel, l'accent est mis sur les activités de détente : données pédestres et équestres, spéléologie, varappe et surtout ski orientation déjà prise par le Vercors depuis de longues années. tour de ce sport se sont développées des stations : *Saint-Nizier-du-ucherotte* qui bénéficie d'un beau panorama sur les hauteurs ines, *Corrençon-en-Vercors, Gresse-en-Vercors,* et principalement audre, *Lans-en-Vercors, Villard-de-Lans* et *Autrans* révélées par les jeux Olympiques de 1968. Ces quatre villages sont les plus connus du plateau. Au ski alpin est venu s'ajouter le ski de fond auquel les hauts plateaux, heureuse alliance de bois et d'étendues solitaires, apportent un cadre idéal. De ce sport, Autrans est devenue le grand centre. Mais d'autres foyers ne cessent de se créer.

Une forteresse inaccessible

Le Vercors a longtemps fait figure de bastion imprenable, à cause des falaises qu'il dresse au-dessus des pays alentour. Aujourd'hui, outre les passages des canyons, des routes hardies, taillées dans les

Charles VIII, se rendant en juin 1489 en pèlerinage à Embrun, fut frappé par la majesté du mont et ordonna à Antoine de Ville, l'un de ses capitaines, de se rendre maître de cette mystérieuse cime inviolée.

Ce n'est que trois ans plus tard que le gentilhomme entreprit la conquête du mont Aiguille avec une cordée de dix hommes. Munis d'échelles et de cordes, ces premiers « conquérants de l'inutile » accédèrent à une plate-forme herbue et fleurie, « une belle garenne de chamois ». Des messes furent célébrées, trois croix plantées, et la compagnie bivouaqua six jours avant de rejoindre la vallée. Cette escalade connut un grand retentissement : Rabelais s'en fit l'écho par la bouche de Pantagruel. Et l'exploit demeura inégalé pendant plus de trois siècles. ■

▲ *Les eaux torrentueuses de la Bourne, ruban écumeux dans le vert paysage du Royans.*

Une somptueuse demeure

Fulgurante ascension que celle de François de Bonne, fils de notaire, né à Saint-Bonnet-en-Champsaur, sur les bords du Drac, en 1541-1543 (?), et qui mourut en 1626 à Valence, duc de Lesdiguières, maréchal, pair et dernier connétable de France.

L'ombre du « renard dauphinois », qui fut le défenseur du Dauphiné et de la Provence face aux menées de la Ligue, en même temps que le champion de l'indépendance française menacée par les incursions savoyardes, plane encore sur l'Embrunais qui vit ses premiers succès, sur le Gapençais qui conserve, au Musée départemental des Hautes-Alpes (Gap), son imposant mausolée en marbre de Carrare, sculpté par Jean Richier

parois abruptes ou en surplomb, l'ont ouvert au monde extérieur.

La route du col de Rousset (1 411 m) perce la muraille méridionale, en suivant le cours de la Comane. Ce col est l'introduction à la Provence, car, la passe franchie, on atteint le Diois.

À l'est, le mont Aiguille, la Grande-Moucherolle (2 284 m) et le Moucherotte (1 900 m) tirent le trait qui sépare le Vercors du Trièves. C'est un rempart puissant, domaine d'élection des alpinistes. Quelques pas et cols l'interrompent, mais point de route. Il faut remonter jusqu'à Grenoble ou Sassenage d'où part l'entaille des gorges d'Engins, le long du Furon.

À l'ouest, tout en s'abaissant graduellement, le plateau conserve des abrupts de près de 1 000 m au-dessus de l'Isère et de la Drôme. Pour ce chemin de ronde, la voie d'accès franchit le porche du col de la Bataille, d'où l'on surplombe le bassin d'Omblèze rafraîchi de gorges et de cascades. De l'autre bord, on aperçoit le cirque boisé de Bouvante avec, au fond, la prunelle bleue d'un lac logé dans une orbite de pierre.

Le milieu quelque peu hostile a forgé des caractères, dicté des comportements. « Une méfiance instinctive et comme une timidité qui font que les vieux occupants d'un sol ingrat et frappé d'isolement vous regardent peu dans les yeux — un besoin inutile de ruse, de détours dans l'expression du fait concret et la tendance à se croire ainsi plus astucieux et plus fort que l'étranger qui, tout de go, leur fait confiance, plus astucieux aussi et plus fort que le voisin — une répugnance marquée à l'association : on se connaît trop et la défiance devient loi de vie — enfin un instinct d'économie qui porte à vivre le plus qu'on peut en autarcie, surtout dans le domaine de la nourriture » (Jean Noaro). Ici, l'habitat n'est peut-être pas de ceux qui séduisent. Bâtie pour résister et abriter au plus fort de l'hiver, la maison est faite de murs épais; de chaque côté, un pignon à redans soutient la lourde couverture d'ardoise, parfois déplorablement remplacée par de la tôle ondulée.

En fait, la résignation a longtemps courbé ces populations oubliées. Il fallut les tragiques journées de 1944 pour se rappeler leur existence. Car, si de tout temps le massif apparut citadelle naturelle, il tenta plus que jamais de justifier cette vocation pendant la Seconde Guerre mondiale. Longtemps on crut que, île sauvage, le Vercors n'était accessible que par le ciel. Et c'est bien par le ciel que ce bastion de la Résistance fut investi, et par lui qu'il succomba au cours de combats dont des monuments commémoratifs perpétuent le souvenir : Vassieux-en-Vercors, dont Gilioli a sculpté le gisant, La Chapelle-en-Vercors, la grotte de la Luire, bornes d'un sacrifice dont le cimetière-mémorial de Saint-Nizier et le cimetière national du Vercors, au pied du col de la Chau, marquent les étapes dernières. Un chemin de croix, dont les quatorze stations conçues par le chanoine

Douillet sont découpées dans la pierre du pays, évoque sur 8 km, entre Villard-de-Lans et Valchevrière, cette Passion que vécut le Vercors combattant.

Au creux des « canyons »

L'isolement dont, si longtemps, souffrit le Vercors s'explique aussi par la rareté de l'eau. Si les pluies sont abondantes, les rivières sont rares. Seule la *Bourne,* capricante et mystérieuse, opère sur 20 km une incision d'est en ouest. En le remontant vers Villard-de-Lans, son cours, qui disparaît au milieu des frondaisons, semble d'abord discret. Les gorges — le canyon — ne débutent qu'après Choranche, et la route qui les suit s'accroche à des escarpements, ou se faufile sous des voûtes de pierre. Les murs de calcaire sont striés par des ruissellements que l'été ne tarit pas toujours. Une végétation de résineux agrippe ses racines contournées à d'étroites vires. À mi-parcours du défilé tombe, non loin de la grotte du Bournillon, la belle cascade du Moulin-Marquis (200 m). Trois centrales et un barrage captent la force des eaux. Viennent ensuite, au fond d'une brèche, les deux Goules, la « blanche » domestiquée, la « noire » encore sauvage. Leur voie est tracée dans la pleine épaisseur du calcaire. Saisissante et écrasante vision que ce « bout du monde » seulement ouvert vers le ciel. On atteint ici le point le plus vertigineux de cette gigantesque tranchée. Et ce ne sera pas sans surprise que l'on constatera, en arrivant à Villard-de-Lans, que le maître d'œuvre n'est ici qu'un ruisselet qui mouille à peine le dos d'une truite.

De Villard-de-Lans, la route qui passe devant le calvaire de Valchevrière permet d'accéder à un autre défilé, celui qu'emprunte la *Vernaison.* On s'engage dans un passage encaissé au départ de Baraques-en-Vercors (la localité tire son nom d'une baraque où les ouvriers occupés à ouvrir la route des Grands Goulets venaient le siècle dernier se ravitailler). Les Grands Goulets donnent le départ de ce toboggan où la lumière ne parvient que tamisée par les arbres. La route s'accroche très haut à la muraille, et la rivière fuit en cascades tout au fond de l'étroit encaissement. Au front des parois, la roche colorée apporte à l'ensemble une note méridionale.

Tout aussi vertigineuse est l'impression que procure la route du *cirque de Combe Laval,* qui, du col de la Machine, gagne Saint-Jean-en-Royans. Entre les falaises calcaires, dominant la vallée du Cholet de plus de 600 m, elle offre, à son entrée dans le Royans, de beaux aperçus sur ce pays et sur le Bas Dauphiné. Au-delà, des paysages plus doux lui font escorte jusqu'à Pont-en-Royans.

Au voyageur qui quitte le sombre défilé de la Bourne, le *Royans* apparaît comme un havre que chauffe le soleil du Midi. La vie

d'après les dessins de son frère Jacob, et surtout sur le *château de Vizille*, à 16 km au sud de Grenoble, à la porte de la vallée de la Romanche.

À l'emplacement d'un vieux manoir delphinal, vigie sur l'antique voie romaine Milan-Vienne, le duc de Lesdiguières entreprit en 1611 la construction d'une magnifique résidence, achevée huit années plus tard. Quelque coercition fut, semble-t-il, exercée dans la réquisition de la main-d'œuvre : « Viendrez ou brûlerez », faisait-il savoir aux paysans des environs.

La façade principale, ouverte sur la Romanche, est d'aspect sévère; au fronton de l'entrée d'honneur, un bas-relief en bronze, exécuté en 1622 par Jacob Richier, représente le seigneur des lieux à cheval. Du côté du parc, la demeure, aux lignes

→

▲ *Dans son cadre de montagnes,
le château de Vizille,
où se joua le prologue
de la Révolution française.*

*Les douces ondulations
des plateaux du Vercors
▼ sont faites pour le ski de fond.*

moins rude sur cette terre plus clémente (500 m d'altitude en moyenne), où se plaisent la vigne, les noyers, les vergers. Sur la rive droite de la Bourne, *Pont-en-Royans,* qui retint la curiosité de Stendhal, est une bourgade étroite dont les fondations sont scellées à la verticale du rocher. Les façades vétustes, tassées par l'âge, balconnées et alourdies de maçonneries, sont soutenues par de massifs étais de bois. Des réfections ont été effectuées, qui prolongent leur bancal alignement sans rien soustraire de leur pittoresque.

Toutes proches sont les ruines du *château de Beauvoir,* qu'il est recommandé d'aborder par Presles; la route en lacet plonge sur le bas pays vallonné, entaillé par les gorges de la Bourne, et on découvre au loin la crête du Grand-Veymont. De la fastueuse demeure construite sur une hauteur, il ne subsiste qu'une tour carrée et un corps de logis démantelé. Affligeant destin et signe d'une décadence qui entraîna la chute des souverains du Dauphiné. « L'Amour; écrit joliment Roger-L. Lachat, en fut à la fois le bâtisseur et le destructeur. À la fin du XIIIe siècle, le Dauphin Jean édifia le château avec toute la tendresse dont il enveloppait son épouse Béatrix de Hongrie. Il désirait que ce palais s'élevât au milieu de jardins suspendus où fleuriraient les plantes des climats doux pour rappeler à la princesse le pays napolitain. » Six étages se bâtirent sur le roc creusé de salles. Mille fenêtres et ouvertures perçaient les murs épais. Plus tard Humbert II fit de Beauvoir un « brasier » de fêtes perpétuelles. C'est pour ses excès de table que Pétrarque, en 1339, lui écrivait « que la gueule tuait plus de gens que la guerre ». Humbert le Magnifique n'eut cure de ce conseil. Endetté, il fut contraint de céder le Dauphiné à la France, et gagna en échange le sobriquet d'Humbert aux mains vides.

Mondes sans soleil et rivières sans étoiles

Trous, grottes, scialets font du Vercors un domaine de prédilection de la spéléologie, qui, à Font-d'Urle, a installé son école. Car l'intérieur du massif a la conformation d'une éponge et les réseaux souterrains s'enchevêtrent : c'est, comme le Jura et les Grands Causses, un royaume du calcaire.

Le premier de ces « mystères » gît au fond, non encore atteint, du *gouffre Berger*. Celui-ci, qui doit son nom à son inventeur, a pourtant été sondé jusqu'à la profondeur record de − 1 141 m. Son entrée, dissimulée dans le plateau de Sornin, ouvre sur un étroit couloir, fort difficile; puis ce couloir s'élargit en salles successives avant de s'enfoncer dans des lacs limpides. De cet univers sans soleil, le cinéaste-spéléologue Georges Berger a rapporté *Rivière sans étoiles,*

inspirées de la Renaissance, est plus gracieuse. Le gendre du connétable, François de Créqui, ajouta le perron à volées contrariées et fit creuser une vaste pièce d'eau, aujourd'hui peuplée de truites.

Vizille accueillit bien des visiteurs illustres (notamment Louis XIII, en 1623, avec sa cour), mais l'assemblée qui y fit le plus grand bruit fut celle des états du Dauphiné, annonciateurs de la Révolution, le 21 juillet 1788. Deux orateurs de cette assemblée se révélèrent ensuite parmi les 540 députés réunis dans la salle du Jeu de paume à Paris : Mounier et Barnave.

Résidence d'été des présidents de la République à partir de 1924, le château reçut, avec le président René Coty, son dernier locataire estival. Le général de Gaulle lui préféra le fort de Brégançon. ■

▲ *Sur la verte croupe du Charmant Som, belvédère de la Chartreuse d'où l'on peut admirer le sommet de Chamechaude.*

film en couleurs qui révèle toutes les nuances des minéraux stratifiés, concrétionnés et filés en aiguilles de calcite. Ces richesses-là sont inaccessibles au profane, et le promeneur sera bien avisé de ne pas s'engager dans quelques-unes de ces ouvertures qui alimentent les rubriques de faits divers.

Il existe toutefois des curiosités souterraines moins farouches. Celles notamment que l'on découvre, à la sortie de Grenoble, dans les *Cuves de Sassenage*. Explorées depuis la fin du XVIIIe siècle, elles figurent au nombre des « Sept Merveilles du Dauphiné »; ce sont deux grottes peu profondes, superposées, qui constituent l'aboutissement du gouffre Berger. On ne le sait que depuis peu, tant ces deux points paraissaient être sans communication possible. Mais cette réalité n'enlève rien au charme des légendes qui planent sur les « cuves ». Vides tout au long de l'année, elles seraient noyées par leurs eaux, une journée entière, le jour des Rois. L'abondance de l'eau serait l'annonce d'une année prospère, riche en blé et en vin. Et aussi c'est là que serait née la fée Mélusine; elle y aurait même vécu. Le haut Moyen Âge prétend que, éprise du seigneur de Sassenage, elle l'aurait épousé à la seule condition de pouvoir disparaître chaque samedi sans qu'il cherche à en savoir le motif. Après de longues années, la curiosité du châtelain fut trop vive et il découvrit le secret de son épouse, moitié femme, moitié poisson. Mélusine se serait alors jetée dans le cours du Furon et aurait repris sa vie dans les grottes, où on l'entend parfois gémir...

Si les gorges de la Bourne ne bénéficient pas d'une telle aura poétique, la spéléologie y trouve matière à études d'un égal intérêt. Les *grottes du Bournillon* et de *Coufin* s'ouvrent toutes deux dans les parois du défilé, l'une non loin de l'autre, à une quinzaine de kilomètres de Villard-de-Lans. La première, à laquelle on accède par un porche imposant (haut de 100 m), voit resurgir les eaux souterraines de la Vernaison. La seconde n'est que l'une des sept cavités percées dans le cirque de Choranche et visitées au siècle dernier par Oscar Decombaz, qui en a dressé l'inventaire; ensemble qui recueille les eaux du plateau de Presles et réunit un impressionnant réseau de galeries (dont on connaît déjà 10 km) : la Chevaline, la grotte de Balme Étrange, la grotte du Ruisseau des Gorges, source du Replat, la grotte de Gournier au lac d'émeraude et aux cascades pétrifiées, la Balme Rousse et la grotte de Jallifiers. Mais celle de Coufin est de loin la plus belle avec son lac et ses voûtes couvertes d'une multitude de fistuleuses, ces stalactites creuses dont la blancheur et la délicatesse donnent au décor une allure féerique (certaines atteignent 2 m de long pour un diamètre de 4 mm).

À Saint-Nazaire-en-Royans, où la Bourne conflue avec l'Isère, la *grotte de Taï* offre au visiteur, qui ne peut voir que le réseau fossile supérieur, l'attrait de ses coulées de calcite blanche et de son petit lac.

Là, une vie a été décelée (ossements, outillage) qui remonterait au paléolithique supérieur. Plus au cœur du pays, près de Vassieux-en-Vercors, le *scialet de la Draye Blanche*, mis au jour il y a plus d'un demi-siècle, renferme une salle grandiose, longue de 150 m, large de 15-20 m et haute de 25-30 m, à laquelle draperies et excentriques, colonnes et fistuleuses font une parure pleine de grâce et de finesse qui joue des couleurs, du blanc au brun, de l'ocre au rouge. Non loin de Vassieux également, la *grotte du Brudour* mérite une visite. Encore une résurgence d'eaux recueillies par la surface calcaire et arrêtées par la sous-couche marneuse, imperméable. Le parcours du Brudour se perd au milieu de scialets; il renaîtra sous le nom de Cholet dans le cirque de Combe Laval.

Mais la plus célèbre, parce que la plus tragique de toutes ces cavités, est la *grotte-gouffre de la Luire*, d'un volume de 400 000 m³ et d'un développement de presque 10 km. Sous son vaste porche d'entrée (les eaux atteignent parfois la voûte en période de crue), la Résistance avait installé un hôpital de fortune que les troupes allemandes découvrirent le 27 juillet 1944. Les blessés furent achevés, deux des médecins et l'aumônier fusillés. Ouverte au public depuis 1951, cette grotte est devenue lieu de pèlerinage. Elle détient toutefois, au fond d'un puits (370 m) sis dans la salle Oscar-Decombaz, superbe avec ses 60 m de hauteur et ses parois torturées aux couleurs blanches et fauves, une partie d'un mystère qui a longtemps irrité les scientifiques : celui de la Vernaison souterraine. Celle-ci, se désolidarisant de la Vernaison de surface, rejoint les gorges de la Bourne et s'y déverse par la grotte du Bournillon qui lui sert d'exutoire. Le Vercors possède là la rivière invisible la plus longue de France.

Sanctuaire de la nature et de la prière

L'autre volet du diptyque que constituent les Préalpes grenobloise c'est la Chartreuse, qui étire entre Chambéry et Grenoble, bordée l'est et au sud par la large boucle de l'Isère, ses cimes parallèl curieusement façonnées dans le calcaire, ses vallons verdoyants, s cluses parcourues d'eaux vives, ses à-pics sévères. Sanctuaire de nature sur lequel règne Chamechaude (2 083 m), mais aussi sanctua de la prière, puisque Bruno et ses six compagnons y firent retraite 1084. Ces hommes aspiraient à une vie solitaire et dévote (ces de exigences figurent au nombre des règles intangibles de l'ordre c Chartreux). Annoncés en rêve à l'évêque Hugues de Grenoble l'apparition de sept étoiles, les sept voyageurs de Dieu furent condu au cœur même du « désert » de la Chartreuse. Ils élevèrent c cabanes de branchages et allumèrent le foyer cartusien qui de

La « Provence dauphinoise »

Est-ce encore le Dauphiné cette terre craquelée, caillasse éclatée que hantent les chèvres? Il est permis d'en douter, car tout ici respire le Midi, et en possède les contrastes. Au sol désertique s'accrochent la lavande et la vigne. Le mûrier s'y plaît encore, témoignage d'une industrie autrefois florissante et rentable. Dans les bourgades, platanes et tilleuls ombragent les placettes tachetées de soleil, le laurier pare de blanc ou de rose les maisons.

C'est là le *Diois*, autour duquel s'articulent l'extrémité du Trièves, le Dévoluy, le Bochaîne et les Baronnies, et qui touche au versant méridional du Vercors, le versant le plus sec, fait de croupes pauvrement gazonnées et de barres rocheuses.

La chaleur, souvent impitoyable, a façonné les paysages. La Drôme et ses affluents y ont dessiné des vallées où les rivières, parfois simples filets d'eau, mais qui, par endroits, se font imposantes — telles les gorges des Gas qui encadrent la Bès de leurs murailles hautes de 100 m, la gorge du Riou Sourd, étroite et profonde. Mais surtout, légèrement en amont de Luc-en-Diois, le cours supérieur de la Drôme présente un étonnant chaos, le Claps, vestige d'une catastrophe qui se serait produite au XVe siècle : la montagne s'écroula en formant deux lacs, aujourd'hui à sec. Non loin, les eaux de la Drôme empruntent un tunnel creusé dans le rocher et resurgissent écumantes en un saut, fort impressionnant à l'époque des crues.

Sise sur les bords de la Drôme,

▲ *La Drôme assagie dans le chaos du Claps, résultat d'un gigantesque éboulement de la montagne.*

Les sobres bâtiments du couvent de la Grande-Chartreuse, dans un cadre à la fois riant et austère. ▼

er sur la chrétienté. Les murs de la chartreuse furent neuf fois uits et chaque fois relevés. La lumière s'y éteignit à deux ises : pendant la Révolution et lors de la loi de séparation de 1903. religieux prirent alors le chemin d'un exil d'où ils ne revinrent n 1941.

s actuels bâtiments datent de 1688. La pierre de taille et l'ardoise crivent avec sévérité au pied du Grand-Som, paré de forêts et de ages. Cinq hectares de constructions et d'enceintes couvertes

par 40 000 m² de toitures occupent la clairière. L'accès de la Grande-Chartreuse est interdit au profane. À son intention, les moines ont aménagé à la *Correrie* (XVIe s.) une introduction à la vie cartusienne : le cloître a été reconstitué, ainsi que des cellules que les Chartreux meublent de leurs seules méditations. Mais toutes les curiosités ne sont pas ici d'inspiration exclusivement spirituelle. La Grande-Chartreuse a consolidé son renom par une liqueur qui se distillait jadis sur place. L'apothicairerie où se fabriquait « l'élixir » fut

dans un cadre souriant, au pied des falaises de la montagne de Glandasse, la capitale de ce petit territoire, *Die*, l'antique *Dea Augusta Vocontiorum*, a conservé le tracé de ses remparts bâtis avec les débris des monuments gallo-romains ruinés. Des fragments entiers, tels ceux de la porte Saint-Marcel, ont été enchâssés dans la muraille. Mais la renommée de Die doit beaucoup à sa clairette qu'appréciaient déjà les empereurs romains. Au milieu de la pierraille des coteaux, entre Saillans et Châtillon-en-Diois, poussent les vignes qui servent à la fabrication de ce vin blanc pétillant. Né de deux cépages, la clairette et le muscat, celui-ci est préparé selon la méthode champenoise ou selon la vieille méthode rurale (sans adjonction de liqueur de tirage) : il mêle agréablement la fraîcheur du mousseux au bouquet du muscat.

Le Diois, c'est certes ces horizons empreints d'une douceur toute provençale. Mais c'est aussi la forêt de Saou (au sud-ouest de Die), ceinturée de falaises claires, des balcons et des corniches d'où la vue se renouvelle sans cesse (Marignac-en-Diois, au bas des contreforts du Vercors, ou Sainte-Croix, érigée sur un promontoire). C'est enfin le cirque d'Archiane, cet hémicycle qui s'incurve dans la montagne de Glandasse et qu'entame en son milieu l'avancée rocheuse du Jardin du Roi. Le plateau alentour, figé dans une immobilité minérale, est si austère qu'on l'a baptisé le Purgatoire. Certains vieux montagnards du Vercors tirent argument de cet isolement pour affirmer que l'ours alpin, réputé disparu, aurait survécu ici. ∎

▲ *Plan circulaire et lignes épurées : la maison de la culture de Grenoble, dessinée par André Wogenscky.*

exilée à Fourvoirie, à 8 km en contrebas des édifices consacrés. Cette distillerie, détruite en 1935 par un glissement de terrain, a été transférée à Voiron; des silhouettes monacales y évoluent dans la rutilance des alambics.

Si elle n'est pas montagneuse, *Voiron* a du moins acquis le titre de « porte de la Chartreuse ». Petite ville active, elle mérite la reconnaissance des skieurs français : on y presse une bonne part de la production française de skis. À partir de cette localité, on rejoint les Échelles-Entre-deux-Guiers et les grottes des Échelles, qui servirent de repaire à l'illustre Mandrin. On peut pourtant préférer à ce circuit celui qui part du *Sappey-en-Chartreuse*. Plus qu'une station, Le Sappey est le rendez-vous sylvestre des Grenoblois; on aime toutefois y rappeler que le premier concours national de ski fut organisé en 1910 sur les pentes voisines. Une route en lacet y prend son départ à travers les sapinières que dominent les falaises de Chamechaude. Le calcaire se développe en larges bandeaux surmontés d'escarpements en pupitre qui soutiennent une végétation aérienne, et que jalonnent des sommets aux célèbres silhouettes, telles les Lances de Malissard et la dent de Crolles, seigneur du Graisivaudan.

Entre le Vif et le Mort

La Chartreuse alterne fraîches combes et douces prairies, versants boisés et sauvages et sommets de pierre : une bonne variété d'attraits. Deux centres de séjour, Saint-Laurent-du-Pont et Saint-Pierre-de-Chartreuse, encadrent les gorges du *Guiers Mort*, bras d'un torrent bien corseté qui s'en va tout droit vers le Rhône. Ces gorges tirent leur nom du fait que le Guiers disparut un jour au fond d'une « marmite » creusée par les tourbillons et les galets. Un pont l'enjambe, dédié à saint Bruno et doublé d'une arche naturelle. Nous sommes dans les limites du domaine des chartreux, où l'on accède par la « route du Désert » qui conduit à la « porte de l'Enclos » qu'on ne devait, aux âges troublés, franchir que désarmé.

Pour rejoindre le *Guiers Vif*, frère jumeau de celui que nous venons de quitter, il faut franchir le col du Cucheron. Le Vif s'est taillé une profonde et étroite saignée que la route surplombe parfois de 150 m, comme au pas du Frou (le passage de « l'Affreux », le diable). Aux endroits les plus inaccessibles, la paroi semble feuilletée de gazon. Le Guiers Vif naît dans le cirque de Saint-Même. Il jaillit en cascade d'une grotte haut perchée et explose en éclaboussures irisées. De part et d'autre, *Entre-deux-Guiers* et *Saint-Pierre-d'Entremont* sont des haltes paisibles que fréquentent les pêcheurs de truites.

Au pied même de la Chartreuse, l'Isère a creusé son lit dans une terre riche. Stendhal nota son charme dans ses *Mémoires d'un*

touriste : « Rien en France ne peut être comparé à cette vallée de Grenoble à Montmélian. La vallée de l'Isère n'est point trop resserrée. Ce qui est admirable, c'est qu'elle a deux aspects absolument différents suivant qu'on se place sur les collines de la rive droite ou sur celles de la rive gauche. À Montbonnot, par exemple, vous avez sous les yeux d'abord les plus belles verdures et les joies de l'été; plus loin l'Isère, grande rivière; au-delà des collines boisées et encore au-delà, à une hauteur immense et comme sur vos têtes, les Alpes, les Alpes sublimes... Le premier plan du paysage vu de Domène, c'est l'Isère, qui semble d'ici plus encaissée; puis les villages le long de la grand-route de rive droite; celle-ci est indiquée par une file de grands noyers; puis des vignes, et au-dessus des vignes d'immenses précipices : ce sont des rochers gris, escarpés, écorchés, presque à pic, qui semblent près de s'écrouler... »

La capitale des montagnes

« Le village et les hameaux qui l'entourent, la vallée de l'Isère qu[i] se déroule à leur pied et les montagnes du Dauphiné qui viennent là s[e] joindre aux Basses-Alpes forment un des plus romantiques séjour[s] que j'aie jamais admirés. » Ainsi Hector Berlioz s'extasiait-il devant [la] cité de *Grenoble* à laquelle les Alpes prêtent un cadre majestueu[x.] Trois massifs la ceinturent : à l'ouest, la forteresse du Vercors; a[u] nord, les hauteurs de la Chartreuse; à l'est, la masse imposante de [la] chaîne de Belledonne. Trois vallées s'y rencontrent : le sillon d[u] Graisivaudan, arrosé par l'Isère depuis Pontcharra; la combe qu'em[-]prunte le cours impétueux du Drac, grossi de la Romanche; la cluse d[e] l'Isère qui mène au Bas Dauphiné. Dans ce décor disposé en cirq[ue] grandiose, se bâtit *Cularo*, la ville des Allobroges, se develop[pa] *Gratianopolis*, la « ville de Gratien », siège d'un évêché dépendan[t de] Vienne, et enfin prospéra Grenoble. Avatars historiques d'une mê[me] cité. L'Isère et le Drac, *la serpen et lo dragon* — comme le veut [un] vieil adage —, lui imposèrent longtemps la loi de leurs caprices [au] prix de terrifiantes catastrophes, telles les inondations de 1219 ou [de] 1733 qui faillirent l'engloutir. Aujourd'hui, la furie des flots a [été] domptée par de puissants barrages et Grenoble est devenue « capit[ale] de la houille blanche ». En fait, un titre parmi tant d'autres. N[e] qualifie-t-on pas de « capitale du tourisme », de « capitale des scien[ces] nucléaires », de « ville des congrès »...? Sans doute, son es[sor] relativement récent (des siècles durant, ce ne fut qu'une gro[sse] bourgade, enfermée dans ses remparts), lui permet tous les espo[irs.]

Cependant peut-être sera-t-on déçu par cette métropole [de] 350 000 habitants. On a trop écrit qu'elle était une ville jeune pou[r ne] pas la rétablir dans ses droits d'ancienneté. Il existe un vi[eux]

Des châteaux et des champs de neige

Le choix de Grenoble pour les jeux Olympiques d'hiver 1968 a également favorisé l'essor de *Chamrousse*, la station des Grenoblois, sise au sud-est de leur ville, parmi les ultimes ressauts de la chaîne de Belledonne. Le Recoin (1 650 m) et Roche-Béranger (1 750 m) constituent ce vaste complexe sportif. À un équipement extrêmement moderne s'ajoute l'attrait de paysages largement ouverts; ainsi, de Croix de Chamrousse (2 257 m), s'offre au regard l'un des plus beaux panoramas des Alpes, et, à la faveur d'un temps clair, l'on aperçoit les Cévennes dans le lointain.

Tourisme hivernal, mais aussi tourisme estival. Le massif de Belledonne foisonne de richesses. Sur une cinquantaine de kilomètres, le long du cours de l'Isère, pics en dents de scie (le plus haut est le pic de Belledonne, 2 978 m), profondes forêts (telle celle de Prémol), lacs en chapelets, riants vallons et immenses pâturages s'ordonnent en une sierra étroite, de caractère essentiellement alpestre, au pied de laquelle se sont établies deux stations thermales renommées : au nord, *Allevard*, qui, nichée dans la vallée du Breda, soigne les affections des voies respiratoires; au sud, *Uriage-les-Bains*, dont les traitements des rhumatismes et des maladies de peau sont les principales spécialités.

Entre cette longue frange et les hauteurs escarpées de la Chartreuse, un ample couloir, arrosé par l'Isère et abrité des vents — riche région agricole à laquelle la houille blanche

→

▲ *La station de Chamrousse (le Recoin), dans le massif de Belledonne. À l'horizon, les remparts du Vercors (le pic Saint-Michel et le Moucherotte).*

Le vieux Grenoble, ramassé sur les bords de l'Isère, au pied de l'éperon rocheux
▼ *du fort de la Bastille.*

Grenoble, mais les nouveaux quartiers et les tours d'habitation masquent ce noyau originel. Il n'en émerge que deux points remarquables. Le *fort de la Bastille* d'abord, auquel on accède par un téléphérique suspendu au-dessus de l'Isère, et qui offre un merveilleux panorama sur la ville — celle d'autrefois, serrée autour de l'église Saint-André (XIIIᵉ s.), ancienne chapelle des Dauphins, et celle d'aujourd'hui, avec ses claires avenues —, ainsi que sur les montagnes environnantes et, au-delà, jusqu'au mont Blanc. Puis le *palais du parlement dauphinois* (XVᵉ-XVIᵉ s.), devenu siège de la justice. Cependant, la crypte de l'église Saint-Laurent, datant de l'époque mérovingienne (fin du VIᵉ s.), le ciborium gothique flamboyant qu'abrite la cathédrale Notre-Dame méritent aussi l'attention du visiteur tant soit peu curieux.

Moderne, Grenoble l'est dans ses activités techniques de grande audace qui ont associé l'université (fondée en 1339 par Humbert II) à des entreprises de réputation mondiale. Elle l'est aussi dans ses préoccupations artistiques. Un stabile de Calder salue le voyageur à sa descente du train. L'hôtel de ville, dessiné par Maurice Novarina, s'orne d'une fontaine sculptée de Hadju, d'un marbre en ronde bosse de Gilioli, de tapisseries de Manessier et d'Ubac, d'œuvres de Sabatier... Dans son musée de peinture et de sculpture, l'un des plus beaux de province, une grande place est accordée à l'art moderne, voire contemporain.

En fait, son goût pour notre époque et ses réalisations s'est renforcé au moment des Xᵉ jeux Olympiques d'hiver. Désignée pour être « capitale du sport » en février 1968, Grenoble développa pour la circonstance son équipement urbain. Trois années ont fait d'elle une cité d'avant-garde. Des équipements sportifs nouveaux, un stade de glace (11 920 m²), aujourd'hui palais des Congrès; un vélodrome d'hiver, le plus beau d'Europe; un anneau de patinage de vitesse; un village olympique, œuvre de Novarina... Une maison de la culture (1968), conçue par André Wogenscky, disciple de Le Corbusier, une gare moderne; des musées dont le Musée dauphinois, installé dans l'ancien couvent de Sainte-Marie-d'en-Haut.

Et pourtant, que dire de plus qui n'ait été jugé et résumé par Stendhal : « Ce que j'aime de Grenoble, c'est qu'elle a la physionomie d'une ville et non d'un grand village. » Ce sont là de bien aimables propos, comparés aux critiques acerbes qu'il formula à l'égard de sa ville natale. Celle-ci lui en tint d'ailleurs rigueur. À peine repère-t-on la maison où il naquit; le musée qui évoque son souvenir est modeste; à une statue, on préféra un médaillon; et une rue discrètement porte son nom. Mais l'écrivain, par ses reproches, ne visait-il pas surtout une certaine société bourgeoise de l'époque, car son amour du terroir dauphinois était grand, et nul n'a mieux que lui su parler des gens de ce pays.

est venue apporter une nouvelle orientation. C'est le *Graisivaudan*, prolongation vers l'aval de la Combe de Savoie. On y saisit, en grimpant à peine sur les versants, de belles échappées sur les montagnes environnantes et sur la vallée, depuis le plateau des Petites-Roches, depuis le Bec du Margain ou depuis la Croix de Revollat. On s'y égare dans quelques-unes des pages du destin dauphinois. Châteaux et gentilhommières jalonnent en effet cette grande voie de pénétration du Dauphiné. Près de Pontcharra, Bayard fit ses premières armes. Quelques lieues plus loin, c'est le souvenir de Claudine Alexandrine Guérin de Tencin, célèbre pour son esprit. ■

Pour un tourisme pédestre

De la simple promenade à la randonnée proprement dite, le Vercors offre aux amateurs de marche une large gamme de possibilités. Tout un réseau de chemins sillonne le massif. Des itinéraires ont été balisés, qui laissent découvrir la diversité des sites. Mais, hors l'entraînement qu'exige le tourisme pédestre, il est, dans cette région de moyenne montagne, des difficultés qui requièrent une extrême prudence. La rareté de l'eau, la solitude de vastes zones inhabitées, le changement brutal de temps et l'apparition soudaine du brouillard, les dangers d'un relief fait de puissantes falaises, de gouffres, de fissures... autant d'éléments dont le randonneur devra tenir compte.

Dans le périmètre du parc naturel régional, les grands circuits balisés sont les suivants :

1) *Sentier G. R. 9* (130 km, 38 h 25), reliant Saint-Nizier-du-Moucherotte à Saillans, sur la Drôme, via Pont-en-Royans, Léoncel, Beaufort-sur-Gervanne. Cet itinéraire permet de voir la falaise septentrionale du Vercors, le Royans, le cirque de Combe Laval et le Vercors méridional.

2) *Sentier G. R. 91* (85 km, 24 h), qui, partant aussi de Saint-Nizier-du-Moucherotte, rejoint Châtillon-en-Diois, sur la Bès. Son tracé mène au belvédère du Moucherotte, au plateau de Lans et de Villard-de-Lans, avant de pénétrer le « désert » des hauts plateaux, puis de parcourir la montagne de Glandasse.

3) *Sentier G. R. 93* (60 km, 17 h), qui, de Léoncel aux Nonnières, via Font-d'Urle, découvre le balcon sud du Vercors. Les cols de la Bataille, de Font-Payanne, de Chironne, de Rousset, ainsi que le cirque d'Archiane, jalonnent ce parcours.

4) *Sentier G. R. 95* (35 km, 10 h 25), petit itinéraire qui, de Miroflée (col de la Machine), à l'ouest de La Chapelle-en-Vercors, gagne Die, en traversant la belle forêt domaniale de Lente, le massif forestier de Die Vassieux-en-Vercors et Marignac-en-Diois (jadis fief des évêques de Die). Se révèle ainsi le Vercors des bois, avec son éventail d'essences forestières.

Quatre autres sentiers permettent au visiteur d'admirer le massif, d'*ouest en est*, sur 50 km (15 h 30) de Léoncel à La Ville (Gresse-en-Vercors), sur le plateau du Trièves de contempler le Diois depuis le *balcon de Glandasse,* entre le pas des Écondus et les Nonnières (45 km, 14 h 50); de suivre le *balcon est du Vercors*, de Saint-Nizier-du-Moucherotte à La Chênevarie, non loin de Château-Bernard (30 km, 9 h 25); et enfin d'effectuer le *tour du mont Aiguille* (15 km, 5 h 30), une seule étape à partir de Richardière.

Quant aux plus aventureux des randonneurs, ils se risqueront peut-être dans les régions « d'exploration » d'où les points de repère sont souvent absents. Zones désertes, parfois chaotiques, qu'il faut aborder par beau temps, muni de provisions... et d'une boussole. Ce sont les secteurs du *Purgatoire* (depuis Carrette ou Darbounouse, sud de Corrençon-en-Vercors); du *Jardin du Roi*, au sud-est des hauts plateaux; et de la *forêt des Coulmes*, sauvage hêtraie semée de gouffres et de scialets.

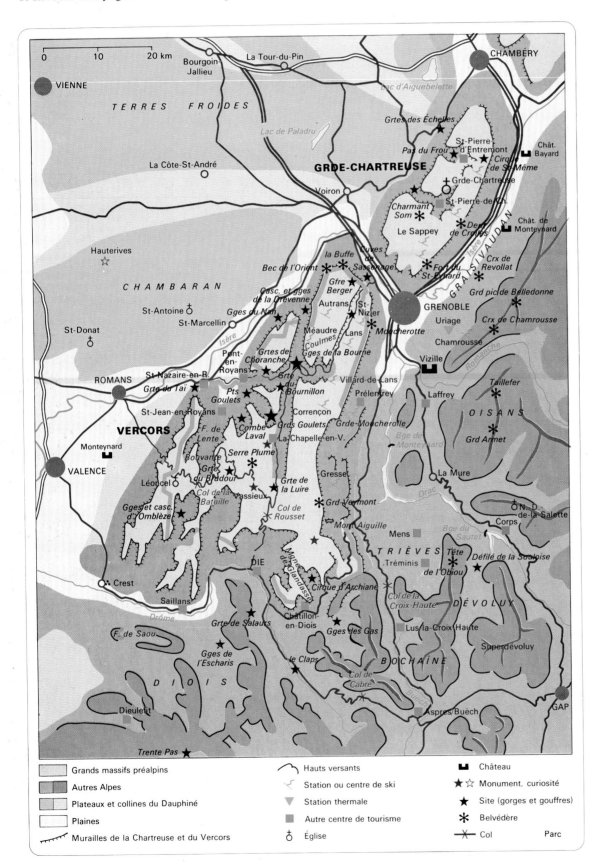

Légende :
- Grands massifs préalpins
- Autres Alpes
- Plateaux et collines du Dauphiné
- Plaines
- Murailles de la Chartreuse et du Vercors
- Hauts versants
- Station ou centre de ski
- Station thermale
- Autre centre de tourisme
- Église
- Château
- ★ ☆ Monument, curiosité
- ★ Site (gorges et gouffres)
- ✳ Belvédère
- ✕ Col
- Parc

aux confins de la Dombes
Lyon et l'église de Brou

Réunis sur le tympan du portail et sur un vitrail de l'abside, Philibert le Beau et Marguerite d'Autriche.

Les méandres compliqués du lacs d'amour unissant les initiales de Philibert et de Marguerite.

*Au début du XVIᵉ siècle,
Marguerite d'Autriche, duchesse de Savoie et veuve inconsolable,
voulant construire une église qui abriterait pour l'éternité
sa sépulture et celle de son mari Philibert le Beau,
mort à la fleur de l'âge,
fit élever à Brou un monument dédié
à l'amour conjugal.*

◀ *Au pied du clocher de Brou,
le petit cloître dont la galerie supérieure
desservait les appartements
de Marguerite d'Autriche.*

Ornementation flamboyante ▶
*et portail Renaissance :
la blanche façade
de l'église de Brou.*

Les stalles
où les moines
assistaient
aux offices
sont sculptées
avec une
somptuosité
et une verve
rares.

Transformé par Marguerite d'Autriche en monastère,
l'humble prieuré de Brou se vit ainsi doter d'une abbatiale
que sculpteurs, huchiers et maîtres verriers,
en la parant de toutes les grâces
du style gothique flamboyant,
rendirent plus luxueuse que bien des cathédrales.

Vu du jubé, ▲
le puissant élan
des piliers
de la nef.

La lumine
construite en pierre b
a pris avec les
une délicate teinte

Une des dix ▶
élégantes statuettes
qui personnifient
les vertus
du défunt
Philibert.

Dans le chœur,
les tombeaux de Philibert et de Marguerite voisinent
avec celui de Marguerite de Bourbon,
la mère du duc,
qui avait fait le vœu de construire une église à Brou,
mais avait oublié de s'en acquitter.

▲ Le tombeau
de Marguerite de Bourbon,
mère de Philibert,
est placé dans une niche.

Deux des plus beaux mausolées ▶
de la sculpture flamboyante :
ceux de Philibert le Beau (à gauche)
et de Marguerite d'Autriche.

Bordée d'arbres, ▲
frangée
de péniches,
la Saône,
au pied
de la colline
de Fourvière.

Étrange mariage ▶
de la terre
et de l'eau,
la Dombes est,
avec ses étangs,
le paradis
des oiseaux.

À l'orée des solitudes de la Dombes,
l'agglomération lyonnaise déploie sur plaine et collines,
au confluent du Rhône et de la Saône,
les témoignages de vingt siècles d'histoire et la bourdonnante activité
de la plus grande métropole régionale française.

Le Louis XIV en bronze ▶
de la place Bellecour
semble contempler
la basilique de Fourvière.

▲ *Lisière occidentale de la Dombes,*
la Saône majestueuse se rend sans hâte
à son rendez-vous avec le Rhône.

ntre Beaujolais et Jura, au sud de la Bresse, un vaste plateau déroule ses pâturages, ses cultures et ses forêts, émaillés de milliers d'étangs : la Dombes. Un paysage serein d'eau et de verdure, animé par d'innombrables oiseaux. Aux extrémités du plateau, deux pôles d'attraction bien différents, mais tous deux de première grandeur : au nord-est, un chef-d'œuvre de l'art gothique flamboyant, la célèbre église de Brou; au sud-est, la plus importante des métropoles régionales françaises, Lyon.

Le monument de l'amour conjugal

Jadis fief des princes de Savoie, la Bresse, située au carrefour des routes menant vers l'Allemagne, l'Italie et la Suisse, connut un essor rapide dès le XIIIᵉ siècle, et *Bourg-en-Bresse,* sa capitale, a conservé maints témoignages de son riche passé : vieilles maisons à encorbellement, hôtels des XVᵉ et XVIᵉ siècles et église Notre-Dame, édifiée au début du XVIᵉ siècle.

Important marché agricole, capitale de la volaille, centre industriel de meubles rustiques, Bourg-en-Bresse doit sa réputation touristique à l'un des trésors artistiques de la France : l'*église de Brou.*

Brou était autrefois un petit village isolé, entourant un modeste prieuré. En 1480, le comte de Bresse, Philippe, ayant été blessé à la chasse, sa femme, Marguerite de Bourbon, fait le vœu de transformer ce prieuré en monastère si son mari guérit. Le comte se rétablit si bien qu'il deviendra plus tard duc de Savoie, mais Marguerite de Bourbon meurt en 1483. Sur son lit de mort, elle charge son mari et son fils, Philibert le Beau, de réaliser à sa place le vœu dont elle n'a pas eu le temps de s'acquitter. Père et fils promettent tout ce qu'elle veut à la mourante, mais s'empressent d'oublier leur serment dès qu'elle a poussé le dernier soupir.

En 1497, Philippe s'éteint à son tour. Le beau et futile Philibert lui succède sur le trône de Savoie, mais prend froid à la chasse, qui réussit décidément bien mal à la famille, et meurt à l'âge de vingt-quatre ans, pleuré par sa jeune femme, Marguerite d'Autriche, fille de l'empereur Maximilien. La veuve, inconsolable, voit dans ce décès prématuré une sanction du ciel et, soucieuse d'assurer à son mari une éternité exempte de soucis, elle décide d'exécuter à sa place le vœu fait naguère par Marguerite de Bourbon. Le monastère promis sera édifié, et l'église abritera les tombeaux de Philibert et, quand l'heure sera venue, de Marguerite, sa tendre épouse.

Après la construction des bâtiments monastiques, qui dure six ans, l'édification de l'église est réalisée en moins de vingt ans, de 1513 à 1532, par un architecte flamand, Van Boghem, qui se révèle un maître d'œuvre aussi énergique que compétent. Malgré cette célérité,

Marguerite d'Autriche ne peut contempler le monument qu'elle a fait élever à l'amour conjugal : elle meurt en 1530, deux ans avant l'achèvement des travaux, et elle repose déjà dans son mausolée, aux côtés de son époux bien-aimé, lorsque l'église est consacrée.

Un joyau du gothique flamboyant

L'église de Brou se dresse au sud-est de Bourg-en-Bresse, sur une esplanade bien dégagée, en retrait de la route de Grenoble. Construite en pierre blanche du Revermont, à laquelle les siècles ont donné une chaude nuance dorée, elle a traversé sans dommage grave les guerres de Religion et la Révolution, et apparaît aujourd'hui telle qu'elle fut édifiée il y a plus de quatre cents ans.

La façade triangulaire, précédée d'un énorme cadran solaire posé à même le sol, est percée d'un portail Renaissance en anse de panier, mais l'exubérance de sa décoration est d'inspiration nettement flamboyante. Sur le tympan — dû, comme toute la grande statuaire, au Flamand Conrad Meït —, Philibert et Marguerite se présentent devant le Christ, assistés de leurs saints patrons. Leurs initiales, un P et un M unis par le lacs d'amour (une cordelière entrelacée), se mêlent, dans l'ornementation, aux armes de la Bourgogne.

L'intérieur de l'église, d'une lumineuse teinte ambrée, surprend par sa clarté. Par les hautes fenêtres, le jour pénètre à flots et illumine la pierre blonde. Dans la nef, des faisceaux de fines colonnettes jaillissent d'un seul élan jusqu'aux ogives de la voûte. Un jubé couronné de statues, ciselé comme un bijou, isole le chœur, domaine réservé des moines; il porte aussi la galerie reliant les appartements de Marguerite d'Autriche (qui ne les occupa jamais) à l'oratoire d'où elle comptait assister aux offices.

C'est dans le chœur que se trouvent les véritables trésors de Brou. Les *stalles,* d'abord, au nombre de soixante-quatorze, sculptées dans le chêne par des artisans locaux, sous la direction de Pierre Terrasse et probablement d'après des dessins flamands. Ornées avec une incroyable richesse, elles présentent une collection de scènes pieuses ou satiriques, traitées avec une vigueur et une verve rares.

Les *vitraux,* ensuite, exécutés par un atelier de Brou, qui garnissent les cinq baies de l'abside. Ils sont parfaitement conservés, et les couleurs n'ont rien perdu de leur éclat.

Les *tombeaux,* enfin, qui sont la raison d'être de l'église puisqu'elle fut construite pour les abriter. Ils ont fait de Brou l'un des monuments les plus visités de France. Dessinés par Jean de Bruxelles, ils furent exécutés par l'équipe de sculpteurs réunie dans l'atelier flamand de Brou, à l'exception des cinq grandes statues des défunts qui sont l'œuvre de Conrad Meït.

Paysages de la Dombes

Au nord-est de Lyon s'ouvre un pays plat au charme mélancolique, semé d'innombrables étangs ornés, dès le printemps, de grandes fleurs aquatiques : la Dombes.

Les étangs de la Dombes recouvrent aujourd'hui quelque 12 000 ha. La plupart d'entre eux sont alternativement asséchés et cultivés («assec»), puis remis en eau et empoissonnés («évolage»). L'élevage des bovins et des chevaux est, avec la pêche, la grande ressource du plateau.

Dans ce paysage horizontal, les villages, cernés par l'eau, portent de vieilles et belles demeures, des châteaux fortifiés, de charmantes églises : Chalamont, fondée vers l'an 850, a gardé son cachet médiéval; Châtillon-sur-Chalaronne, où saint Vincent de Paul fonda la Confrérie des Dames de la Charité; Le Montellier, qui possède le plus imposant château de la Dombes; Notre-Dame de la Dombes et son monastère de trappistes; Sandrans et sa belle église en partie romane; Ars-sur-Formans, qui eut pour curé Jean-Baptiste-Marie Vianney, canonisé en 1925 (le saint, qui repose dans une châsse de l'église, est l'objet d'un fervent pèlerinage); Lapeyrouse, Birieux, Versailleux, Châtenay, Saint-André-de-Corcy...

Au cœur du plateau, Villars-les-Dombes possède un magnifique parc ornithologique de 23 ha, semé de pièces d'eau, qui abrite des milliers d'oiseaux de tous les continents.

Mais la cité la plus célèbre de la Dombes, celle qui a conservé pratiquement intact son visage médiéval, c'est *Pérouges*,

▲ *Ses douves et ses remparts donnent au château de Bouligneux, dans la Dombes, l'aspect trompeur d'une forteresse.*

Sous les voussures en anse de panier du portail de Brou, le couple ducal est présenté au Christ ▼ par ses saints patrons.

Le tombeau de Philibert le Beau est au centre, celui de sa mère à droite, celui de sa femme à gauche. Le prince et les princesses, en marbre blanc de Carrare, sont représentés couchés sur une dalle de marbre noir, somptueusement vêtus et entourés d'angelots. Pour Philibert et Marguerite d'Autriche, une seconde effigie, figurant le défunt enveloppé dans son suaire, est placée dans une niche, au-dessous du gisant.

Tout un petit peuple de personnages symboliques et une luxuriante décoration taillée dans le marbre entourent les gisants. Le plus orné des trois mausolées est celui de Marguerite d'Autriche, surmonté d'un énorme baldaquin de pierre, enluminé comme un grimoire. Derrière lui, la *chapelle de Marguerite d'Autriche* est décorée d'un magnifique retable de marbre blanc. Représentant «les Sept Joies de la Vierge», ce retable est admirablement conservé, et sa grâce, son élégance et la virtuosité de son exécution justifieraient, à elles seules, la visite de l'église. À noter également le grand vitrail, inspiré d'une gravure de Dürer et d'un dessin de Titien, sur lequel on voit Philibert et Marguerite assister, à genoux, à l'Assomption de la Vierge.

Un couloir voûté relie le chœur de l'église au *monastère*. Édifié entre 1506 et 1512 par des constructeurs bressans, celui-ci n'a pas l'exubérance flamande de l'église. Les bâtiments conventuels, qui abritent maintenant les collections du musée de l'Ain, s'ordonnent autour de trois cloîtres à étages. Le «petit cloître» communique avec l'église; les galeries du premier étage desservent les appartements destinés à Marguerite d'Autriche. Sur le «grand cloître» ouvrent la salle capitulaire, la salle du chapitre et, à l'étage, le dortoir des moines. Le «cloître des cuisines», qui possède un puits couvert, est plus ancien : c'est tout ce qui reste de l'ancien prieuré de Brou.

«Tout le monde peuvent pas être de Lyon, il en faut bien d'un peu partout.»

(Maxime lyonnaise.)

À l'autre extrémité des solitudes de la Dombes, une grande ville (plus d'un million d'habitants dans l'agglomération) s'enorgueillit d'être la seule de France, avec Paris, à avoir exercé une telle influence sur sa région que cette dernière a fini par prendre son nom. Mais si personne ne conteste à Lyon son rayonnement, sa séduction a toujours fait l'objet de vives controverses.

«La ville que j'aime le plus au monde», disait Chateaubriand. «La grande et aimable ville de Lyon, avec son génie éminemment social, unissant les peuples comme des fleuves», écrivait Michelet dans son *Tableau de la France*. «Cité du rêve et du réel» : ainsi la dépeignait, au XIXe siècle, Édouard Aynard, qui incarnait d'ailleurs parfaitement

▲ *Restaurées avec autant d'amour que de goût, les maisons de Pérouges font revivre le Moyen Âge.*

l'extraordinaire ville-musée dont deux maisons sur trois sont dignes d'intérêt. Bâtie sur une colline, entourée d'une enceinte qui fait corps avec les constructions, dotée d'une église fortifiée que traverse le chemin de ronde, cette bourgade entasse au long de ses ruelles tortueuses, pavées de galets ronds, une collection unique de riches demeures, d'humbles masures, d'échoppes, d'ateliers d'artisans... Au centre, la place de la Halle, avec son magnifique tilleul — « arbre de la Liberté » planté en 1792 — et sa couronne de maisons anciennes, compose un décor si parfait qu'on y a tourné de nombreux films historiques. La promenade des Terreaux, qui suit le tracé des anciens fossés, rappelle le passé guerrier de Pérouges qui, en 1468, résista à l'assaut des Dauphinois. ■

Autour des monts du Lyonnais

Au lendemain de la dernière guerre, il y avait encore des petits chemins fleuris d'aubépine sur les pentes de la colline de Fourvière, et la campagne était aux portes de Lyon. L'expansion urbaine a modifié tout cela, mais les environs de la ville offrent encore d'agréables lieux de promenade.

Le plus proche est la station thermale de *Charbonnières-les-Bains*, avec son cadre boisé, son hippodrome et son casino.

Au nord, le petit *massif du mont d'Or*, qui domine la Saône en amont de Lyon, est de dimensions modestes — 6 km sur 12 — et ses « sommets » (mont Verdun, mont Thou) ne dépassent guère 600 m. Malgré la multiplication des

---

cette double démarche puisqu'il était à la fois industriel et poète.

Plus près de nous, Audiberti *(Dimanche m'attend)*, Pierre Emmanuel *(Qui est cet homme?)* et bien d'autres ont, à leur tour, célébré les charmes de cette cité, née, voici plus de vingt siècles, à la rencontre de deux fleuves, le Rhône et la Saône, au carrefour de « ces deux routes pour l'éternité qui vont de l'est à l'ouest et du sud au nord » (Paul Claudel).

Certains écrivains, par contre, lui sont violemment hostiles. Alphonse Daudet a fait de Lyon le cadre triste de la vie recluse du *Petit Chose,* et Julien Gracq a décrit, d'une plume trempée dans l'encre la plus sombre, « cette laide dégringolade au fil des pentes bossues, des maisons noires et des toits aux couleurs acides ; les collines même sur lesquelles est assise la ville sont disgraciées et bancales. On dirait qu'elle est bâtie sur des terrils de mine... »

On pourrait égrener longtemps les citations contradictoires, et il est bien vrai que Lyon peut prêter, selon l'humeur du visiteur, la durée de son séjour ou la couleur de la saison, à des appréciations fortement tranchées. Il en va de même pour ses habitants, dont on vante volontiers le caractère sérieux et travailleur, le goût de « la belle ouvrage », l'ouverture aux choses de l'esprit, alliée à une savante connaissance des nourritures terrestres, mais que l'on dépeint aussi comme une foule de « monsieur Brun », toujours de mauvaise humeur, hypocrites, pingres et prétentieux. Bref, Lyon n'est pas une ville facile à appréhender. Elle n'en requiert que plus d'attention.

Plantée aux portes du Midi dont le vent chaud remonte la vallée du Rhône et dessèche parfois l'atmosphère, elle est aussi soumise aux courants froids soufflant du nord, qui lui valent souvent des hivers rigoureux. Soleil et brume. Ces données climatiques contradictoires, conjuguées aux mille accidents d'une histoire tumultueuse, qui provoqua de nombreux brassages de population, se retrouvent fatalement dans la physionomie de la ville et dans le caractère de ses habitants. Encore faut-il s'entendre. L'image austère de Lyon, répandue généreusement à travers la France, date du XIXe siècle. Elle a coïncidé avec l'industrialisation de l'art ancien de la soierie, et elle caractérise essentiellement la classe sociale qui en est directement issue : une bourgeoisie riche et sévère, peu encline à faire étalage de sa nouvelle prospérité et marquant cependant les distances. C'est de cette époque que date également un certain visage de l'urbanisme lyonnais, avec son opposition entre les hautes maisons aux allures de casernes qui couvrirent notamment la colline de la Croix-Rousse, patrie des « canuts », au nord de la ville, et les demeures confortables, quoique d'extérieur sobre, des industriels de la soierie et des commerçants prospères. L'extension vers l'est — l'ouest étant barré par les premières pentes des monts du Lyonnais —, sur la plaine des Brotteaux, conquise sur les marais, et sur celle de la Guillotière, se fit

de façon assez anarchique. Entrepôts, fabriques et maisons ouvrières y poussèrent un peu au hasard, à proximité de quartiers plus élégants, bordés de larges avenues.

Un visage longtemps inchangé

Ce Lyon du XIXe siècle n'a pour ainsi dire pas changé jusqu'au lendemain de la Seconde Guerre mondiale. La mutation, d'abord très lente, prit une tournure décisive avec le lancement de gigantesques travaux, qui bouleversent encore la cité. Mais ceux qui ont connu Lyon avant la guerre gardent le souvenir d'une ville à la fois laborieuse et un peu endormie, dont maints quartiers avaient encore une paisible atmosphère provinciale. Les soirs d'été, les habitants faisaient la causette au bord des trottoirs, tandis que les concierges prenaient le frais devant leur porte, à califourchon sur une chaise.

Sur les rives du Rhône, bordées de magnifiques quais ombragés d'une double rangée d'arbres, on voyait encore, solidement amarrées les « plates », bateaux-lavoirs en forme de grande boîte carrée surmontée d'une haute cheminée, où les blanchisseuses lyonnaises venaient laver leur linge. Sur les berges de la Saône, plusieurs clubs nautiques permettaient aux « gones » (enfants) de « faire leur agottiaux », c'est-à-dire d'apprendre à nager la brasse. Des joutes nautiques se déroulaient sur le fleuve et, chaque année, la traversée de Lyon à la nage attirait une foule de fervents supporters.

Le dimanche, pendant la belle saison, tramways et trains de banlieue emportaient les familles lyonnaises vers la campagne toute proche. Le « train bleu » (un tramway à plusieurs voitures, qui reliait en suivant les quais de Saône, le centre de Lyon à la commune de Neuville-sur-Saône) était pris d'assaut, ainsi que l'héroïque tortillard aux wagons de style Far West, qui allait de Saint-Just à Vaugneray dans les monts du Lyonnais. Le mont d'Or, au nord-ouest de Lyon, couvert de prairies et de boqueteaux, était aussi l'un des grands rendez-vous dominicaux. Quant aux habitants de la Croix-Rousse, n'avaient que bien peu de chemin à faire pour trouver, autour des anciens forts de Montessuy, où paissaient encore des troupeaux de chèvres, un petit air de campagne. Ils pouvaient aussi « descendre en ville » par la pente abrupte de la « Grande-Côte ».

Le centre de Lyon, délimité de façon rigoureuse par les bras des deux fleuves, s'étend de la place des Terreaux, au pied de la Croix-Rousse, à la place Bellecour, en poussant une pointe vers la gare de Perrache. C'est sur la *place des Terreaux* — dont le nom vient des terres apportées là pour combler l'ancien confluent du Rhône et de la Saône — que Cinq-Mars et de Thou furent décapités en 16... Couronnée d'une nuée de pigeons, une monumentale fontaine

résidences secondaires et, de plus en
plus, principales, il a conservé,
surtout sur sa face nord, ses vignes,
ses jardins fleuris et ses petites
cultures. On y fait de jolies
promenades au départ de Limonest,
station estivale fort appréciée des
Lyonnais. À Poleymieux-au-Mont-
d'Or, la maison familiale d'André-
Marie Ampère, transformée en
musée, évoque la vie du célèbre
physicien et l'histoire de ses
découvertes. Non loin de là, le point
de vue de la Croix de Rampau
s'étend du puy de Dôme, à l'ouest,
au mont Blanc, à l'est.

À l'ouest du mont d'Or, le
couvent dominicain d'Éveux,
construit par Le Corbusier en béton
brut, est un magnifique spécimen
d'architecture moderne.

Au sud-ouest de Lyon, les *monts
du Lyonnais*, pays de cultures

▲ *Au flanc verdoyant du mont d'Or,
les toits pointus
du château de la Barollière.*

*Entre les tours à lanternon
de l'hôtel de ville de Lyon,
on aperçoit le beffroi
▼ qui abrite un carillon.*

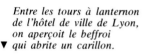

...mb, œuvre de Bartholdi, orne la place, dont un côté est occupé par
...alais Saint-Pierre (musée des Beaux-Arts) et un autre par l'hôtel de
..., qui est, sans chauvinisme local, l'un des plus beaux de France :
...ié sous Louis XIII, modifié sous Louis XIV, il enserre une vaste
...r d'honneur intérieure à deux niveaux.

Mais la plus belle place de Lyon, celle qui en constitue
véritablement le cœur, est la *place Bellecour*. Cette immense
esplanade, au-dessus de laquelle se profile la silhouette de la basilique
de Fourvière, fut créée, au XVIIIᵉ siècle, sur une prairie appartenant à
la proche abbaye d'Ainay. C'est là que se déroulaient, à la Pentecôte,

▲ Dans les jardins
de la Bastie d'Urfé,
un petit temple en rotonde
abrite un marbre antique.

maraîchères dans les vallées et de pâturage sur les hauteurs, recèlent de nombreux vestiges des aqueducs romains qui alimentaient Lugdunum. On y trouve aussi de pittoresques villages perchés, tels Yseron, sur le bord oriental de la crête, Riverie, vieux bourg féodal, Aveize, qui domine la vallée de la Brévenne, Saint-Symphorien-sur-Coise et son église gothique... Près de Saint-André-la-Côte, au signal de Saint-André (934 m), on découvre un splendide panorama sur les Alpes. Au sud du massif, *Saint-Étienne* et ses satellites, Firminy et Saint-Chamond, déploient les perspectives d'une grande agglomération industrielle, tandis que le *lac artificiel de Grangent* termine en beauté les pittoresques gorges de la Loire. À l'ouest, sur un dernier contrefort dominant la plaine du Forez, *Saint-Galmier* est réputée pour ses sources thermales et son eau de table pétillante.

Et voici *Montbrison*, l'ancienne capitale du Forez, dominée par le dôme d'un ancien couvent; *Feurs*, avec son église gothique, son parc et son hippodrome; *Pommiers*, enfermée dans ses remparts; *Saint-Marcel-de-Félines* et son château du XVIe siècle...

Ce sont les villes de « ce pays nommé Forez qui, en sa petitesse, contient ce qui est le plus rare au reste des Gaules. Car, étant divisé en plaines et en montagnes, les unes et les autres sont si fertiles et situées en air si tempéré que la terre est capable de tout ce que peut désirer le laboureur » : ainsi débute *l'Astrée* d'Honoré d'Urfé, le roman pastoral qui donna naissance au mouvement de la préciosité. Le château de la

les grands tournois de boule lyonnaise, événement « sportif » de l'année qui réunissait les meilleures doublettes, triplettes et quadrettes de toute la France. (Depuis 1967, ils ont lieu au stade Édouard-Herriot, sur les bords du Rhône.) Au centre de la place, que bordent, à l'est et à l'ouest, de beaux ensembles d'immeubles de style Louis XVI, se dresse le « cheval de bronze », appellation familière de la statue de Louis XIV par Lemot.

Entre la place des Terreaux et la place Bellecour s'étend le véritable centre vivant de Lyon, avec ses rues animées, ses boutiques de luxe, ses grands cafés, ses cinémas. Parallèle aux quais de Saône, la rue Mercière, qui eut longtemps fort mauvaise réputation, était, au Moyen Âge, l'artère la plus importante de la ville. C'est là que fut édité, en 1476, le premier livre imprimé en français. Ses belles maisons du XVe siècle, longtemps négligées, dissimulées aux regards par l'étroitesse de la rue, disparaissent l'une après l'autre sous la pioche des « rénovateurs ».

Au-delà de la place Bellecour, la rue Victor-Hugo s'étire en ligne droite jusqu'à la gare de Perrache et borde l'aristocratique quartier d'Ainay, qui possède, avec la basilique Saint-Martin d'Ainay, consacrée en 1107, la plus ancienne église de Lyon. Son original clocher-porche et ses chapiteaux romans sont intéressants.

Derrière la gare de Perrache s'ouvre un quartier assez triste, qui s'étend jusqu'au confluent de la Mulatière. Il occupe l'emplacement d'anciens marécages, asséchés au XVIIIe siècle par l'ingénieur Perrache, et constituait jadis une sorte d'appendice où l'on reléguait entrepôts et prisons.

De la naissance de Lugdunum à la « capitale de la Résistance »

Pour avoir une vue d'ensemble du kaléidoscope lyonnais, où se mêlent, non sans heurts, le témoignage d'un passé encore très vivant et le visage du Lyon de demain, il faut franchir l'un des ponts qui enjambent la Saône et escalader les pentes raides de la colline de Fourvière, ou, mieux, emprunter la « ficelle », autrement dit le funiculaire qui conduit, en quelques minutes, près de l'esplanade de la basilique de Fourvière.

C'est un assez curieux monument que cette basilique, que l'on a parfois irrespectueusement comparée à un « éléphant renversé », en raison de ses quatre lourdes tours octogonales, ourlées de murailles crénelées et de mâchicoulis. L'ensemble de l'édifice offre un bizarre mélange de styles byzantin et moyenâgeux, bien qu'il ait été élevé en 1872, à l'emplacement d'une ancienne chapelle consacrée à la Vierge qui attirait, au XVIIe siècle, de nombreux pèlerins.

La fontaine de la place des Terreaux,
œuvre de Bartholdi,
symbolise les fleuves
▼ allant se jeter dans la mer.

Bastie d'Urfé, où l'écrivain passa son enfance, un manoir des XIVe et XVe siècles, transformé sous la Renaissance, dresse son élégante silhouette au bord du Lignon. ■

En remontant la Saône

En amont de Lyon, les bords de la Saône offrent de nombreux buts d'excursion.

C'est d'abord l'*île Barbe*, que les siècles semblent avoir oubliée entre deux bras de la rivière. Son joli décor de verdure vit jadis officier des druides en robe blanche. D'autres religieux leur succédèrent, et on découvre dans l'île les vestiges de la chapelle Notre-Dame-de-Toutes-Aides, surmontée d'un clocher roman, les ruines du vieux monastère de l'Île-Barbe, fondé en 440, et les restes d'une grande église romane, Saint-Martin-et-Saint-Loup. Le logis de la Prévôté, flanqué de quatre tours carrées, est du XVIe siècle.

Plus loin, la petite commune de *Rochetaillée-sur-Saône* offre un très joli point de vue sur le massif du mont d'Or; son château du XIIe siècle, entouré d'un magnifique parc de 3 ha, abrite aujourd'hui le musée français de l'Automobile, qui présente plus de 150 véhicules anciens.

Neuville-sur-Saône fut jadis, sous le nom de Vimy, la capitale d'une petite région semi-indépendante, le Franc-Lyonnais, à laquelle François Ier avait accordé maints privilèges pour la récompenser d'avoir préféré la suzeraineté du parlement de Paris à celle du duc de Savoie.

▲ *Le petit clocher de Notre-Dame-de-Toutes-Aides émerge des frondaisons de l'île Barbe.*

Au-dessus de l'abside romane de la primatiale Saint-Jean, la silhouette néo-byzantine
▼ *de Notre-Dame de Fourvière.*

La basilique se compose d'une crypte sombre, aux voûtes surbaissées et aux piliers massifs, et d'une église supérieure éblouissante de marbre, d'or et de mosaïques sur lesquels chatoient les lumières multicolores dispensées par les vitraux. On aime ou on n'aime pas, mais il paraît difficile de rester indifférent devant cette curiosité artistique. L'église est surmontée d'une grande statue de saint Michel terrassant le dragon et d'un observatoire d'où l'on découvre un immense panorama qui s'étend, par temps clair, jusqu'au massif du Mont-Blanc.

Les petites rues calmes, à l'allure provinciale, bordées d'institutions religieuses et de maisons de retraite, qui entourent l'église de Fourvière conduisent aux témoignages du passé romain de la colline : le Grand-Théâtre et l'Odéon. Construit sous Auguste au Ier siècle de notre ère, agrandi sous Hadrien, le *Grand-Théâtre,* qui s'étage en demi-cercle face à la ville, était réservé aux représentations dramatiques et pouvait accueillir jusqu'à 10 000 spectateurs; un rideau de scène, manœuvré par un système de poulies, servait de toile de fond durant les représentations, mais ce n'est que très récemment que l'on a pu reconstituer le fonctionnement de cet appareillage. Le petit théâtre, ou *Odéon,* qui le jouxte, était destiné aux manifestations musicales. L'accès à ces ruines imposantes se fait par un joli jardin, le parc Magneval.

Les fouilles débutèrent à la fin du XIXe siècle et se poursuivirent, coupées de longues interruptions, jusqu'à nos jours. Le Grand-Théâtre n'est entièrement dégagé que depuis 1946, et les travaux se poursuivent. Sur la droite des théâtres, et parfaitement intégré à la colline, s'est récemment ouvert le très riche et très beau musée de la civilisation gallo-romaine, qui rassemble, dans une remarquable architecture souterraine, tous les vestiges des premiers âges de l'histoire de Lyon.

Si un village gaulois, *Condate,* existait depuis des siècles au confluent du Rhône et de la Saône, cette histoire ne commence véritablement qu'en l'an 43 av. J.-C., lorsqu'une colonie romaine fonde, sur la colline de Fourvière, la ville de *Lugdunum.* Une quinzaine d'années plus tard, Lugdunum devient métropole de la province, puis capitale des Gaules. Plusieurs empereurs y séjournent, dont Claude, qui y naquit et qui dota la ville de nombreux privilèges; l'industrie — on y fabrique déjà des tissus — est florissante; les vins des coteaux sont fort appréciés à Rome. De puissants aqueducs amènent l'eau des monts de l'Ouest.

L'apparition du christianisme provoque une sanglante répression, et la fin du IIe siècle voit le martyre de saint Pothin, de sainte Blandine et de saint Irénée, entourés de milliers de chrétiens. C'est le début d'un long déclin. Au début du IVe siècle, des pillards dérobent les siphons en plomb des aqueducs, et la ville est privée d'eau. Abandonnant leur

Trévoux fut également une capitale, celle de la principauté de Dombes. Au XVIIᵉ et au XVIIIᵉ siècle, son rayonnement intellectuel était considérable. Au pied d'un château féodal en ruine, elle a conservé, du temps de sa splendeur, un palais du Gouvernement de la fin du XVIIᵉ siècle, un hôpital fondé par la Grande Mademoiselle et de nombreuses maisons anciennes, groupées autour de l'imprimerie qui, pour lutter contre les encyclopédistes, publia un « Dictionnaire » et un « Journal » qui eurent un grand retentissement.

Villefranche-sur-Saône jouit d'une solide réputation gastronomique. Le parvis de l'église Notre-Dame-des-Marais, du XIIIᵉ siècle mais très remanié, était autrefois pavé de pierres plates, les « calades », sur lesquelles les commerçants étalaient leurs marchandises. C'est pourquoi les habitants de la ville sont appelés « Caladois ».

Enfin, face aux collines du Beaujolais, *Fléchères* possède un très beau château du XVIIᵉ siècle, entouré de douves, dont l'intérieur, admirablement meublé, est décoré de fresques et de boiseries. ∎

Châteaux et grottes de l'île Crémieu

À l'est de Lyon, un coude du Rhône entoure un plateau triangulaire, bordé de pentes vives, qui se détache nettement des plaines environnantes. Dernier élément du Jura, il doit à sa position isolée le nom d'« île Crémieu ». Ses lacs, ses verts pâturages, ses défilés, ses grottes, ses châteaux et ses

▲ *Entouré de verdure,*
le château de Verna se dresse
dans un site solitaire
de l'île Crémieu.

Un dédale de sombres « traboules »
fait communiquer
les cours et les ruelles
▼ *des quartiers anciens de Lyon.*

colline, les habitants descendent alors s'établir au bord de la Saône. Le nom de la cité se déforme, devient Lugdon, puis Luon et finalement Lyon.

Le redressement s'opère à partir du IXᵉ siècle, lorsque les archevêques de Lyon acquièrent une autorité nouvelle en devenant « primats des Gaules ». Sous leur énergique impulsion, et surtout quand renaît le grand commerce entre Méditerranée et mer du Nord, la ville, qui est sur la route des marchands, se couvre de constructions nouvelles, tant profanes que religieuses. Ses « foires franches » sont célèbres dans toute l'Europe, et la renommée qu'elles lui valent atteint son apogée au XVᵉ et au XVIᵉ siècle. C'est également au XVIᵉ siècle qu'apparaît véritablement l'industrie de la soie dont Lyon avait déjà, depuis 1450, le monopole du commerce. Des métiers à tisser sont importés du Piémont, les ouvriers — les « canuts » —, déchargés par François Iᵉʳ d'impôts et de service de milice, affluent.

Cette activité commerçante se double d'une vie intellectuelle foisonnante. À l'occasion de la foire de 1532, Rabelais, médecin de l'hôtel-Dieu, publie son *Pantagruel*. C'est le règne des humanistes lyonnais, des écrivains, des poètes comme Clément Marot, des érudits, des sculpteurs, des musiciens... François Iᵉʳ et Marguerite de Navarre séjournent à Lyon : le vent de la Renaissance souffle de la proche Italie.

Si le XVIᵉ siècle voit triompher les arts, le XVIIIᵉ et le XIXᵉ sont ceux des inventeurs et des savants : Jouffroy d'Abbans lance sur la Saône

le premier bateau à vapeur, Montgolfier s'élève en ballon libre au-dessus de la plaine des Brotteaux, Ampère poursuit ses recherches sur l'électrodynamique, Thimonnier invente la machine à coudre, Jacquard met au point le métier à tisser qui transforme l'industrie de la soierie (après avoir été farouchement combattu par les canuts, persuadés qu'il allait les réduire au chômage).

En même temps, Lyon connaît bien des secousses. Soutenant les Girondins à l'heure où les Montagnards triomphent à Paris, Lyon est ravagée par les armées de la Convention — « Lyon fit la guerre à la liberté; Lyon n'est plus »; on la baptisa même « Commune-Affranchie » —, puis par les massacres de la Contre-Terreur. Plus tard, la ville subit d'autres soulèvements et d'autres révolutions, nés de la misère ouvrière. « Plus le salaire est faible, plus les ouvriers sont laborieux », affirme un négociant. Les émeutes se succèdent, suivies chaque fois d'une terrible répression. Plus récemment, Lyon paye également très cher son comportement héroïque sous l'Occupation et son titre de « capitale de la Résistance ». C'est le temps des réseaux, des rendez-vous clandestins, des fusillades au fort Montluc, des tortures à l'École de santé militaire, réquisitionnée par la Gestapo, des massacres en pleine rue...

À travers le quartier Saint-Jean

Au pied de cette colline de Fourvière où s'est écrit le premier acte de la longue et ardente histoire lyonnaise, les quartiers Saint-Paul, Saint-Jean et Saint-Georges, dont la majorité des maisons datent des XVᵉ et XVIᵉ siècles, ouvrent une autre page d'un très riche passé. Depuis quelques années, un important effort de restauration rend à ces magnifiques demeures, dont les façades gothiques ou Renaissance, admirablement ouvragées, disparaissaient sous une couche de crasse, l'éclat de leur jeunesse. Le vieux Lyon renaît, et c'est une magnifique promenade que de flâner dans ces rues étroites, peuplées d'artisans et de petits commerçants, dont chaque maison a son histoire. C'est ici, au temps des Romains, que naquirent les « traboules » (du latin *transambulare*, marcher à travers), passages permettant de communiquer d'une maison à l'autre, l'étroitesse du terrain imposant d'économiser l'espace consacré à la circulation. C'est ici que prit naissance et se développa, au début du XVᵉ siècle, l'industrie de la soierie lyonnaise, que battirent les premiers métiers. C'était alors — et plus encore au XVIᵉ siècle — le centre commercial de la ville, comme en témoignent les beaux hôtels dont l'architecture s'inspire de la Renaissance italienne.

On ne saurait énumérer tous les édifices qui méritent d'être visités, toutes les beautés de ce décor : l'hôtel Paterin, rue Juiverie, cons-

gentilhommières en font un plaisant lieu de séjour.

Non loin des murailles de calcaire des gorges d'Amby, la petite ville de *Crémieu* blottit ses vieilles maisons, ses halles, ses portes fortifiées et son ancien prieuré au pied des ruines d'un château du XIe siècle. Aux alentours, le château de Bienassis eut l'honneur d'héberger Lamartine; celui de Ville est en ruine; celui de Mallein, construit au XIVe siècle, est gothique; celui de Poisieu a une imposante tour à mâchicoulis; celui de Verna a été bâti en trois temps, entre le Moyen Âge et le XIXe siècle.

À l'extrémité nord de l'« île », au pied de la falaise, les *grottes de La Balme,* que visita François Ier et dans lesquelles la légende situe un des repaires du brigand Mandrin, s'ouvrent par une voûte imposante où l'on a élevé deux chapelles superposées. Avec sa rivière et son lac souterrains, la caverne était, pour le célèbre spéléologue É.-A. Martel, « une des plus intéressantes de France ». ■

La table lyonnaise

« Au travail on fait ce qu'on peut, mais à table on se force », dit un proverbe local qui illustre parfaitement le solide coup de fourchette des Lyonnais. Leur science culinaire est de tradition fort ancienne. Il est vrai que les environs regorgent de ressources : poulets de Bresse, brochets du Rhône, bœufs du Charolais, truites des rivières de l'Ain, écrevisses du Jura, grenouilles et poissons de la Dombes, sans oublier les vins de la Bourgogne et du Beaujolais...

Patrie de la charcuterie, des quenelles, des poulardes (« demi-deuil » ou « en chemise »), des gratins et des sauces à la crème, Lyon baptise modestement « mangeaille » sa cuisine qui, en dépit de son apparente simplicité, est l'une des plus fines de France. En dehors des restaurants réputés, il existe de multiples « bouchons », petits bistrots pittoresques où les Lyonnais vont, sur le coup de 9 heures du matin et de 5 heures du soir, faire un solide « mâchon » : cochonnailles chaudes, cervelas vinaigrette, saucisson de Lyon, « tablier de sapeur » (fraise de bœuf) et « cervelle de canut » (fromage blanc battu « comme si c'était sa femme » avec sel, poivre, vinaigre, huile, échalote, ciboulette, pointe d'ail), le tout arrosé de pots de beaujolais bien frais. ■

▲ *Deux vedettes du folklore lyonnais : le célèbre Guignol et son compère Gnafron.*

Dans le vieux Lyon, la Tour rose de la rue du Bœuf
▼ *abrite un escalier à vis.*

sous François Ier; la célèbre maison Thomassin, place du Change, qui date du XIVe siècle; l'hôtel de Gadagne, rue de Gadagne, aujourd'hui Musée historique de Lyon et musée international de la Marionnette; la tour Rose et la maison de l'Outarde d'Or, rue du Bœuf; la maison Sévigné, rue Saint-Jean, et tant d'autres... Toutes les demeures du vieux Lyon — notamment celles qui bordent la rue Saint-Jean, l'artère principale — sont dignes d'attention. Les façades les plus discrètes dissimulent, au bout d'un couloir sombre voûté d'ogives, une cour intérieure où s'ouvre parfois un vieux puits et que dominent des galeries à arcades et des tourelles...

Au bout de la rue Saint-Jean, la cathédrale de Lyon, la *primatiale Saint-Jean* où Henri IV épousa Marie de Médicis, dresse ses quatre tours carrées, à peine plus hautes que la nef. C'est un bel édifice gothique, construit au XIVe siècle pour remplacer une église romane, dont il a conservé l'abside. La façade, percée de trois portails aux pignons pointus, a perdu ses statues durant les guerres de Religion, mais a conservé plus de 300 médaillons sculptés, d'une facture remarquable, où les scènes de la vie quotidienne alternent avec les passages de la Bible et les épisodes de la vie des saints. L'intérieur de l'église, bien éclairé par la rosace de la façade et de grandes verrières, unit harmonieusement un net gothique et un chœur roman, fermé par une abside sans déambulatoire, dont les magnifiques vitraux sont du XIIIe siècle. À droite de la nef, la chapelle des Bourbons est décorée avec une profusion de sculptures, tandis que, dans le croisillon gauche, une horloge astronomique à automates, datant du XIVe siècle, mime l'Annonciation. Un édifice roman, la *Manécanterie,* est accolé à la primatiale; sa façade est ornée de niches et d'arcatures, et il abrite le trésor de la cathédrale.

Les opérations de restauration ont injecté un sang nouveau dans les artères du vieux Lyon. Les artisans traditionnels cèdent parfois le pas à un « artisanat d'art » plus touristique, les « bois et charbons » font place à des restaurants à la mode, des galeries de peinture s'installent dans les locaux des grossistes en fruits et légumes... Évolution sans doute inévitable, mais il faut souhaiter que ce regain d'intérêt pour le passé n'altère pas le caractère de ce très bel ensemble urbain.

La Croix-Rousse, haut lieu du particularisme lyonnais

Lorsque l'invention de Jacquard révolutionna la technique de fabrication de la soierie, les canuts durent abandonner le quartier Saint-Jean, dont les maisons, basses et mal éclairées, ne permettaient pas l'installation des nouveaux métiers. On construisit alors, sur les

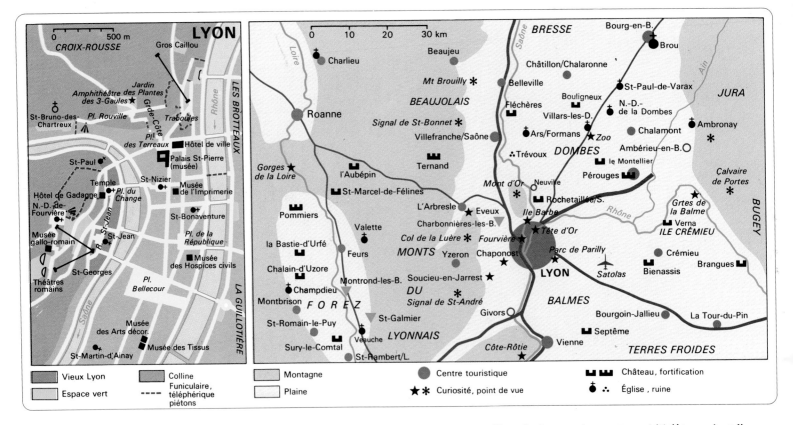

Légende de la carte de Lyon (ville):
- Vieux Lyon
- Espace vert
- Colline
- Funiculaire, téléphérique piétons

Légende de la carte régionale:
- Montagne
- Plaine
- Centre touristique
- ★ ✱ Curiosité, point de vue
- Château, fortification
- ⚲ ∴ Église, ruine

---

pentes de la Croix-Rousse, la colline qui fait face au coteau de Fourvière, de grands immeubles sévères, aux plafonds très hauts et aux amples fenêtres pour laisser entrer la lumière.

La «colline qui travaille» — par opposition à Fourvière, «colline qui prie» selon Michelet — n'a guère changé depuis le début de l'industrialisation de la soierie. La plupart des hautes demeures du XIXe siècle sont toujours debout, mais, sur les quelque 2 000 «bistanclaques» (métiers à tisser) qui battaient encore en 1936, il n'en reste aujourd'hui qu'une centaine, avec quelques rares métiers à main qui tissent des pièces prestigieuses pour les musées et les bâtiments nationaux. La concurrence étrangère, la découverte de nouvelles fibres synthétiques, l'évolution du vêtement ont tué, après plus de cinq siècles d'un glorieux monopole, la soierie lyonnaise.

Les habitants du «plateau», ce haut lieu du particularisme lyonnais, n'en ont pas moins conservé les traditions de leurs ancêtres, le langage particulier des canuts, fleuri de vocables qu'un «étranger» ne saurait comprendre, et cet accent typique, à la fois traînant et chantant, qui rappelle un peu l'accent suisse. Avec ses rues paisibles, ses places où les joueurs de boules rivalisent d'adresse à l'ombre des marronniers, sa «vogue» (fête foraine) qui envahit chaque année, à l'automne, le boulevard de la Croix-Rousse, dans une odeur chaude de marrons grillés, son «Gros Caillou», énorme rocher abandonné par les glaciers du Quaternaire et posé fièrement à l'extrémité du boulevard, ses «montées» escarpées, dont la plus célèbre est la Grande-Côte, qui mérite bien son nom, la Croix-Rousse conserve l'un des aspects les plus authentiques du Lyon du XIXe siècle.

Les traboules sont également nombreuses sur les pentes de la colline, et certains voient dans ce dédale de couloirs, dans ce labyrinthe de passages couverts, une sorte d'incarnation de l'esprit lyonnais, la matérialisation architecturale d'un goût du mystère qui s'est traduit, au cours des siècles, par la création de nombreuses sociétés secrètes et la vogue des sciences occultes. Après avoir été, lors des révoltes ouvrières de 1831 et de 1834, le théâtre de sanglants combats, après avoir, sous l'Occupation, permis à bien des résistants d'échapper à la Gestapo, ces traboules font partie intégrante de l'histoire lyonnaise.

Autre témoignage d'histoire, mais d'une histoire beaucoup plus ancienne : l'*amphithéâtre des Trois-Gaules,* édifié sur les flancs de la colline, près du village gaulois de Condate, et récemment dégagé. Comme il abrita, depuis l'an 12 av. J.-C., la réunion annuelle des délégués des soixante nations gauloises, premier embryon de notre unité nationale, on y célébrera officiellement, en 1989, le bimillénaire

de la France. C'est également dans cet amphithéâtre qu'eut lieu, en 177, le martyre des premiers chrétiens, notamment le supplice de sainte Blandine.

Des jardins et des églises

Les hauteurs de la Croix-Rousse portent un petit parc très agréable, offrant un beau coup d'œil sur les quais de Saône : le *jardin des Chartreux,* du nom de l'ancienne chartreuse de Lyon; il est surtout fréquenté par les Croix-Roussiens, qui répugnent à quitter leurs altitudes pour descendre «en bas».

Le grand poumon de la ville est le *parc de la Tête-d'Or,* sur la rive gauche du Rhône, à proximité des bâtiments de la Foire de Lyon. Créé au XIXe siècle, il s'étend sur plus de 100 ha et contient un très beau lac où voguent des cygnes, une magnifique roseraie, un jardin zoologique, un parc botanique, un vélodrome et plusieurs restaurants. Dès les premiers beaux jours, ce grand parc paysager est le but de promenade préféré des Lyonnais.

Notre-Dame de Fourvière, la vénérable basilique Saint-Martin d'Ainay et la primatiale Saint-Jean ne sont pas les seules églises lyonnaises dignes d'intérêt. *Saint-Paul,* qui a donné son nom à un des quartiers du Vieux-Lyon, dresse, sur la croisée du transept, une belle et originale tour-lanterne octogonale du XIIe siècle. Le portail nord est roman, mais la décoration intérieure est gothique.

En plein quartier commerçant, *Saint-Nizier* est également de style gothique flamboyant, mais son portail central, œuvre de Philibert Delorme, est Renaissance, avec ses colonnes doriques et son plafond à caissons. Il rompt l'unité de la façade, comme les flèches disparates élevées l'une au XVe siècle, l'autre au XIXe.

Saint-Bruno-des-Chartreux, édifiée entre 1590 et 1738 sur une terrasse de la Croix-Rousse, est coiffée d'un joli dôme à lanternon. Sa décoration intérieure blanc et or forme un élégant ensemble baroque entourant un somptueux baldaquin de stuc de Servandoni.

Près de la Bourse, *Saint-Bonaventure* (XIVe-XVe s.) a la majestueuse austérité des églises franciscaines : absence de décoration et vaste nef destinée à accueillir les fidèles venus entendre les sermons.

Il faut encore mentionner des chapelles, celle de l'hôtel-Dieu, dont la façade et les clochers à dôme sont du plus pur style Louis XIII, celles du collège de la Trinité (actuellement lycée Ampère) : nombre de quatre, elles furent bâties au XVIIe siècle par les jésuites, composent un très bel ensemble architectural.

le Beaujolais
et la vallée du Rhône

Dans un cadre vallonné ▲
au pied de la croupe boisée
du signal de Saint-Bonnet,
les vignobles des
beaujolais-villages.

Juliénas : ▶
la maison de la Dîme,
datant du XVIᵉ siècle,
où jadis étaient perçues
les taxes décimatoires.

◀ *Le mamelon de Poncié,*
au cœur du célèbre vignoble
du Moulin-à-Vent,
producteur du cru princier
du Beaujolais.

*A*u sud de la Bourgogne,
du mont Saint-Rigaud à la fraîche vallée de l'Azergues,
le Beaujolais étage, au-dessus du val de Saône,
d'opulents paysages de vignobles, parsemés de vieux villages où,
dans le secret des chais, s'élaborent les prestigieuses cuvées d'un vin
dont Léon Daudet fit «le troisième fleuve de Lyon».

À sa situation privilégiée
au bord du Rhône
« Vienne la Belle »
doit son prestigieux passé. ▼

La façade de la cathédrale ▶
Saint-Maurice de Vienne,
enrichie par trois portails
délicatement sculptés.

Grande voie de civilisation
entre le Nord et la Méditerranée,
le Rhône dessine,
en aval de Lyon,
une vallée aux multiples aspects,
tour à tour ample et resserrée,
paisible et sauvage.
Au bord de son cours,
Vienne est de ces cités
marquées par l'histoire
et dont le fleuve
régla longtemps la vie.

Témoins d'un Moyen Âge fertile en troubles et en dévastations,
de vieux châteaux, ruines fantomatiques dressées sur le roc,
veillent encore sur le pays rhodanien.
Autour d'eux, sur les pentes des collines,
les vignobles des Côtes du Rhône composent
un décor chaleureux et ensoleillé.

6. Beaujolais, vallée du Rhône

▲ *Un large fleuve assagi :
le Rhône
entre Valence
et Montélimar.*

◀ *Sentinelle
de la vallée du Rhône,
le château de Rochemaure
n'est plus que ruines.*

Passé Montélimar,
la vigne grimpe à l'assaut de la garrigue.
Sur ce sol souvent caillouteux et aride,
le vin gagne en panache et en bouquet.
Dans ce pays vigneron, tout évoque la Provence
et son incomparable lumière.

▲ *Le pays viticole*
de Beaumes-de-Venise,
et, en toile de fond,
les « dentelles »
de Montmirail.

◄ *Les vignes de Lirac poussent*
sur un sol de galets
chauffés par le soleil
et balayés par le mistral.

La blanche silhouette ▶
du château de Crussol
commande encore
la vaste plaine
du Rhône.

▲ *La croix marinière
qu'abrite l'église d'Andance
réunit les attributs
de la Passion
et ceux des mariniers.*

*Au milieu de ses vignobles,
Saint-Étienne-la-Varenne
que l'on compare souvent
▼ à un village d'Ombrie.*

u Beaujolais aux Côtes du Rhône, des bords paisibles de la Saône au profond sillon du « fleuve impérial », il est une route au fil de laquelle il fait bon flâner. Insensiblement, elle mène des vertes prairies du centre de la France aux vergers du Midi, par une succession de paysages qui, malgré leur grande diversité, possèdent un point commun : la présence de la vigne. Car, quelles que soient les régions où elle pousse, la vigne donne à la nature un aspect « jardiné », propre et ordonné, et à ceux qui la cultivent un style de vie, une manière d'être, une philosophie souriante. Dans les pays viticoles règne une ambiance joyeuse qui est tout un art de vivre.

Mais cette route n'est pas uniquement gourmande : les nombreux châteaux, manoirs, églises et abbayes qui la jalonnent, des croupes vallonnées du Beaujolais aux rives escarpées du Rhône, sont là pour rappeler que le « savoir bien vivre » se marie parfaitement avec le goût des belles choses et l'attachement aux souvenirs du passé.

La Côte beaujolaise

Au sud des derniers éperons du Mâconnais, sur la rive droite de la Saône, le *Beaujolais* est une contrée attachante, aux paysages tour à tour tendres et sauvages. Sur la bordure du Massif central, il est presque montagnard, avec de lourds sommets et des vallées encaissées. Ces hautes terres, qui culminent au mont Saint-Rigaud (1 009 m), sont le domaine de la forêt; à cause de la rigueur du climat et de la médiocrité des sols, la vie y est rude et l'élevage est le seul moyen de subsistance. Tandis que le versant occidental descend en pente douce vers la plaine de Roanne, le rebord oriental, très joliment découpé, accuse une forte dénivellation vers l'opulente vallée de la Saône. C'est la *Côte beaujolaise,* qui étale, face à la Bresse et au plateau de la Dombes — de l'autre côté de la rivière —, des coteaux généreux, parés de ceps plantés en rangs serrés.

Quelque 18 000 ha de vignes, plus précisément de cépage gamay noir à jus blanc, s'allongent ainsi sur près de 70 km du nord au sud et sur une largeur maximale de 12 km. L'orientation, face au levant, offre un ensoleillement idéal (plus de 2 000 heures par an), et, côté ouest, la masse des monts protège la Côte de l'influence océanique, porteuse de vents et de pluies. Autre bienfait naturel : le sable venant de la décomposition du granite et qu'ici l'on appelle *morgon* convient bien à la culture de la vigne, qui, sous ce climat, est plantée jusqu'à 550 m d'altitude.

Les vignobles apparurent en cette région dès la période gallo-romaine. Après un Moyen Âge faste, le Grand Siècle bouda le vin du Beaujolais, dont le seul débouché fut alors Lyon. Il fallut attendre le

XVIIIe siècle pour que sa réputation dépassât les limites de la région. Une bonne raison à cela : le vin pouvait, par Chauffailles, gagner le bassin de la Loire, embarquer à Charlieu, descendre le fleuve à bord de gabares et débarquer à Orléans, pour atteindre enfin Paris. De cette époque d'ailleurs date l'installation, dans la capitale, de « bougnats », spécialisés dans la vente du vin et du bois (les gabares ne pouvant remonter la Loire, étaient en effet débitées en bois de chauffage à l'arrivée). Quant au vin aigri au cours du voyage, Orléans s'en fit une spécialité, devenant ainsi la capitale du vinaigre.

Aujourd'hui, la renommée du vin du Beaujolais n'est plus à faire. Elle a franchi les frontières, même si, du fait que ce nectar se boit généralement en son enfance, la production (environ 850 000 hl par an) est surtout consommée en France, où l'on apprécie fort ce vin fruité, léger, pimpant, et qu'il faut boire frais (entre 10 et 14 °C). « Le beaujolais, c'est l'éclat de rire de la table », affirmait le vigneron-écrivain Louis Orizet. Le président Édouard Herriot y retrouvait «

Dieulefit et alentour

À l'est de Montélimar, là où le Dauphiné rencontre la Provence, *Dieulefit* est l'une de ces cités ensoleillées qui invitent aux vacances. À quelque 400 m d'altitude, dans un riant bassin, sur les contreforts des Préalpes du Sud et dans la haute vallée du Jabron, elle est un centre climatique particulièrement conseillé dans le traitement des affections pulmonaires non contagieuses et du surmenage.

Cette petite ville, dont la majeure partie de la population est de confession protestante, abrite de nombreux artisans, notamment des potiers qui ont donné à Dieulefit un renom artistique non négligeable. Mais d'autres activités artisanales se sont aussi implantées : ferronnerie d'art, tournerie sur bois, dinanderie, verrerie d'art.

Aux alentours de Dieulefit, bien des bourgs méritent visite, surtout *Le Poët-Laval,* que domine le donjon d'une ancienne commanderie de Malte. Bâti dans un site escarpé, ce vieux village a été restauré avec un goût très sûr. Des rues pittoresques, des échoppes d'artisans, un musée du protestantisme dauphinois font tout son attrait. De là, on ira voir le petit village d'*Eyzahut,* au pied de hautes falaises, ou celui de *La Bégude-de-Mazenc,* perché sur une hauteur dans la vallée du Jabron. Un enchevêtrement de ruelles, une porte fortifiée, une église en partie romane, de vieilles maisons... et, du sommet de la butte, une vue qui s'étend jusqu'aux Cévennes. Il doit également aux métiers d'art d'avoir retrouvé vie.

▲ *Aux confins du Dauphiné et de la Provence, le bourg de Poët-Laval, bâti autour d'un donjon carré.*

...elque chose de léger et d'ailé » dont Platon faisait l'essence de la ...ésie. Et c'est Léon Daudet qui fit du beaujolais « le troisième fleuve ... Lyon ».

Un nectar aux mille facettes

...Le beaujolais fait chanter toute une gamme de nuances, que ...'lètent les différentes catégories d'appellation.

...De Saint-Amour-Bellevue au mont Brouilly sont produits les grands ...s, vins corsés, robustes et riches en personnalité. Ils sont neuf à ...ellation locale. Le *brouilly* est typiquement beaujolais, tendre et ...ité, avec un bouquet très développé; son vignoble se situe entre ...res sur les communes de Cercié, Saint-Lager, Quincié, Odenas. Il ...faut pas le confondre avec le *côte-de-brouilly,* dont les vignes sont ...ées sur la colline qu'aurait façonnée Gargantua avec des déblais du lit de la Saône. C'est un vin d'un beau pourpre foncé, charnu, dont le temps aiguise le bouquet. Plus au nord, le *morgon* doit au schiste vieux dans lequel s'enracinent les plants une chair ferme, un parfum de kirsch et il sait vieillir. À côté, le *chiroubles,* bien que déjà montagnard (les ceps s'alignent à la lisière des sapins des bois d'Avenas), a la réputation de plaire aux jolies femmes, sans doute à cause de son arôme de violette. Également parfumé, brillant, translucide, le *fleurie* a pour royaume les quelque 700 ha de coteaux au bas du vallon de Chiroubles; c'est un vin léger qui se fait capiteux en vieillissant. Selon l'adage du terroir : « Une tasse : du plaisir. Deux tasses : de la joie. Trois tasses : du bonheur. Et au-delà : le rêve. » Le *moulin-à-vent,* dont le vignoble couvre une partie des communes de Chénas et de Romanèche-Thorins, est racé, élégant, avec une robe rubis foncé et une senteur d'iris. C'est le seul cru qui puisse être conservé longtemps. Son voisin, le *chénas,* est un vin bouqueté, à l'arôme de pivoine, goûté des fins palais. Au *juliénas,* vin distingué, odorant, fruité, sont voués plus de 450 ha de vignes. Quant au *saint-amour,* particulièrement bouqueté et enchanteur, son vignoble est situé au flanc du mont de Bessay, aux confins du Beaujolais.

Si les amateurs de vins trouvent dans ces grands crus de quoi satisfaire leur palais, ils ont dans leur voisinage bien d'autres sujets de réjouissances gustatives. Sur les contreforts des monts du Beaujolais, quarante communes produisent un vin à peine plus fort, mais dont la pétulance se prête mal à une longue conservation en bouteilles. Il est appelé, de façon plus discrète : *beaujolais-villages.* Au sud et à l'ouest de Villefranche-sur-Saône, les vins, plus modestes, portent l'appellation *beaujolais* tout court. Nous sommes là dans le « pays des pierres dorées », arrosé par l'Azergues. Sur ces sols argilo-calcaires, la vigne n'est plus qu'un élément de la polyculture herbagère et fruitière. Pourtant, elle couvre 8 000 ha sur quarante communes et produit 40 p. 100 de la production globale beaujolaise. « Plus on en boit, plus on trouve sa femme gentille, ses amis fidèles, l'avenir encourageant et l'humanité supportable », disait Gabriel Chevallier de ce vin franc, gouleyant, fruité, plein d'arôme, qui, avec l'âge (deux ou trois ans au plus), gagne en bouquet. Il n'y a pas si longtemps, avant qu'on le qualifie de « primeur », on l'appelait « fils de l'Amour ». Et le nombre de « buveurs » qui, un peu partout en France, se pressent dans les cafés le 15 novembre pour goûter le « beaujolais nouveau » suffit à mesurer la réputation de ce vin.

À l'heure actuelle, la proximité de la grande voie de passage reliant le Nord à la Méditerranée a favorisé l'activité viticole du Beaujolais. Au cours de ces vingt dernières années, le vignoble s'est agrandi de plus de 3 000 ha. La vente à la propriété et la mise en bouteilles ont largement progressé. Dix-huit caves coopératives, couvrant un quart du vignoble, vinifient en moyenne 230 000 hl par an.

Au nord-est de Dieulefit, *Bourdeaux* est aussi bien conservé. Étagé sur la rive gauche du Roubion, ce village nous reporte au Moyen Âge avec des logis typiques et les vestiges d'un château. ∎

Le pays des pierres dorées

Ce petit pays correspond à ce que l'on peut appeler le « bas Beaujolais », à condition de ne pas donner à cette appellation le moindre sens péjoratif, puisqu'il peut être fier de la qualité de ses vins. À l'ouest et au sud de Villefranche, il étale un relief vallonné où alternent champs de vignes, bois, bocages et garrigues. C'est une région très naturelle, paisible et qui doit son nom de « pierres dorées » à la couleur jaune ocre du calcaire à

▲ *Dans le bas Beaujolais, Jarnioux est placée sous la protection séculaire de son château médiéval.*

grain fin utilisé pour la plupart de ses constructions. Les maisons, rectangulaires, souvent à auvents, coiffées de toits à quatre pans de tuiles romaines et entourant une cour fermée, annoncent le Midi.

Tour à tour, les centres de Pommiers, Lachassagne, Charnay, Le Bois-d'Oingt, Chessy, Bagnols, Frontenas, Theize, Jarnioux et Pouilly-le-Monial offrent au visiteur leurs églises et leurs châteaux avec les traces d'un long passé.

En outre, du nord-ouest au sud, l'Azergues décrit à travers ce Beaujolais méridional une vallée fraîche et ombragée que suit une route verdoyante. À chaque vallon, un château fort ou un village fortifié monte la garde depuis des siècles, tels ceux de *Châtillon d'Azergues* ou de *Ternand* (démantelé par le baron des Adrets). ∎

Le plaisir d'une promenade

Le Beaujolais doit certes une grande partie de sa renommée à ses vins, qu'une promenade en cette contrée, ponctuée de haltes dans des caveaux ou des caves coopératives, permet d'apprécier. Mais le pays lui-même vaut qu'on s'y attarde. Des routes plus ou moins buissonnières pénètrent l'immense vignoble émaillé de maisons allongées, où voisinent habitation, cave, cuvage, et de villages perchés sur des buttes, serrés au pied d'un clocher pointu. Pour avoir une vision d'ensemble, il faut s'enfoncer plus haut dans la forêt et grimper jusqu'aux belvédères, d'où le regard embrasse de larges panoramas : l'étendue des vignes, la plaine de la Saône, les contreforts du Jura et, par temps clair, le mont Blanc à l'horizon.

Villages et bourgs, opulents et bien ordonnés, ont su garder leur caractère. À la limite entre la vigne et les sapins, *Beaujeu* est l'ancienne capitale du Beaujolais, supplantée au XVIᵉ siècle par Villefranche-sur-Saône. Dans la seconde moitié du Xᵉ siècle, le baron de Beaujeu fit construire un château sur l'escarpement de la « Pierre Aiguë », qui, dominant le défilé de l'Ardières, commandait le plus court chemin de la Saône à la Loire. Un bourg aligna ses maisons basses le long d'une grand-rue étroite, au pied du château, qui fut détruit sur ordre de Richelieu. De nos jours, on peut voir l'église romane Saint-Nicolas, à l'altier clocher et aux murs de moellons de roche noire; face à elle, une jolie maison du XVᵉ siècle avec une cour intérieure à galeries de bois sculpté; de nombreuses demeures à escalier à vis, colombages, chapiteaux travaillés. Le musée créé en 1942 par Marius Audin, maître imprimeur lyonnais, abrite, entre autres, deux remarquables collections de poupées anciennes et évoque les installations primitives des hospices de Beaujeu qui, encore propriétaires de 50 ha de vignes, produisent un vin recherché.

En gagnant Salles, il ne faut pas manquer l'ascension du *mont Brouilly* (481 m), où, chaque année, le 8 septembre, les vignerons se rendent en pèlerinage à la chapelle Notre-Dame-du-Raisin, édifiée en 1857 pour attirer sur le vignoble du Beaujolais les bonnes grâces de la Vierge. *Salles*, au sud du Beaujolais, a conservé des vestiges d'un prieuré construit au Xᵉ siècle par des moines de l'ordre de Cluny : l'église romane (XIᵉ-XIIᵉ s.) et le cloître. Au début du XIVᵉ siècle, des bénédictines remplacèrent les moines dans les lieux conventuels. Avec le Grand Siècle, les chanoinesses passèrent sous l'obédience de l'archevêque de Lyon et menèrent dès lors une existence aussi mondaine que religieuse. L'une des jeunes filles élevées là, Alix des Roys, y rencontra un chevalier venu rendre visite à sa sœur et l'épousa : de leur union naquit Alphonse de Lamartine. À trois kilomètres de Salles, *Saint-Julien* a donné le jour au père de la médecine expérimentale, le physiologiste Claude Bernard, dont un

musée rassemble les souvenirs. Tout près, *Vaux-en-Beaujolais* connaît une autre gloire : elle perpétue, avec sa rabelaisienne confrérie du G. O. S. I. E. R. S. E. C., le souvenir de « Clochemerle », ouvrage pour lequel elle servit de modèle à Gabriel Chevallier.

Au bas des coteaux, la vallée de la Saône coule au milieu d'une large prairie sur laquelle, au sud de Thoissey, s'avance le plateau de la Dombes. Des cités s'échelonnent au long de son cours, parfois un peu à l'écart par crainte des inondations. Telle *Belleville-sur-Saône*, bourgade chère aux sires de Beaujeu, qui la fortifièrent et lui donnèrent une magnifique église romane. Telle aussi *Saint-Georges-de-Reneins*, où un petit musée regroupe les vestiges de l'antique Ludna. Telle encore, et surtout, *Villefranche-sur-Saône*, qui se bâtit au voisinage d'un gué, au carrefour des routes de Lyon et de Roanne. L'église Notre-Dame-des-Marais, qui date du XIIIᵉ siècle, n'a gardé que peu de chose de sa construction primitive; les chapelles latérales et la façade sont gothiques flamboyantes; les gargouilles datent de la Renaissance; la flèche fut élevée en 1865. À la faveur d'une promenade dans la métropole du Beaujolais, le visiteur pourra admirer de belles façades anciennes, des tours d'escalier, des cours, des sculptures, et visiter le musée Vermorel, consacré à la viticulture.

Le « taureau furieux descendu des Alpes »

Ainsi Michelet qualifiait-il le plus turbulent des fleuves français, le *Rhône*, auquel la Saône, plus paisible, apporte ses eaux à Lyon. Sur quelque 200 km jusqu'à la Camargue, son cours est rapide, puissant et décrit, entre les contreforts du Massif central et les bastions préalpins, une vallée aux mille visages, ici ample, sereine et creusé de riants bassins, là resserrée en de sombres gorges. D'une façon générale, la rive droite est plus abrupte que celle du Dauphiné, où s'étalent de larges plaines. Dans ce sillon, que ce soit en été ou en hiver, au printemps ou en automne, le fleuve impétueux roule ses eaux fougueuses (1 500 m³ par seconde). En allant à la rencontre de la Méditerranée, les paysages changent et, insensiblement, l'on retrouve dans le Midi, où le mistral se fait plus rude, mais le ciel plus pur et la végétation plus douce, avec pêchers, amandiers et rideaux de cyprès abritant champs et mas aux tuiles roses.

Aussi la descente du Rhône est-elle riche en découvertes. Mais, le trafic de chalands automoteurs et de trains de péniches est actif, bateaux de tourisme sont peu nombreux. Il est pourtant possible entre Pâques et septembre, d'effectuer la descente du fleuve à bord de bateaux qui ont leur port d'attache à Lyon. Et, en voiture, on peut roulant tantôt sur la rive droite, tantôt sur la rive gauche, découvrir les points de vue les plus intéressants.

La vallée de l'Eyrieux

Née dans les monts du Vivarais, au pays montagnard des Boutières, l'*Eyrieux* dévale près de 1 000 m en moins de 80 km avant de se jeter dans le Rhône, un peu en amont de La Voulte. Son cours est alors celui d'un torrent fougueux et capricieux. Il franchit, en aval du petit bourg industriel du Cheylard, des gorges profondes où ses crues sont redoutables : les eaux sont montées jusqu'à 17,25 m et, si le débit minimal est de l'ordre de 1 m³/s en été, il peut atteindre 3 600 m³/s lors de crues extrêmement soudaines!

La vallée de l'Eyrieux est cependant une vallée d'aspect aimable, car elle est, depuis 1880, la terre d'élection du pêcher. Bien protégée à la fois du mistral et des vents du sud, ignorant les gelées

▲ *Beauchastel s'étage dans la verdure sur la rive gauche de l'Eyrieux, au débouché de la vallée dans la plaine du Rhône.*

La sobre église de Salles, survivance d'un prieuré
▼ *fondé par des moines de Cluny.*

tardives, elle offre à cet arbre le sol léger et sec qui lui convient; et les étés chauds donnent au fruit toute sa saveur. Aussi les pêchers sont-ils élevés par tous les arboriculteurs de la vallée, qui les étagent en terrasses. La surface moyenne de ces exploitations ne dépasse guère 1,5 ha, mais la production est d'environ 50 t à l'hectare. La production totale dépasse 30 000 t par an, et la plupart des fruits partent vers l'étranger. ■

Le Rhône apprivoisé

Pour tirer parti de la fougue du fleuve, on créa, en 1933, la Compagnie nationale du Rhône, chargée de son aménagement. Objectifs de cet aménagement : faciliter la navigation sur des eaux

L'attrait du couloir rhodanien est d'autant plus grand qu'aux paysages toujours grandioses s'ajoutent d'innombrables empreintes du passé. Ruines de fortifications, châteaux, églises attestent qu'il fut, très tôt dans l'histoire, l'une des grandes voies de civilisation et une frontière géographique importante. Ainsi, six siècles avant notre ère, les Helviens, sur la rive droite, faisaient face aux Allobroges de la rive gauche. Après l'époque gallo-romaine, les Burgondes s'installèrent sur cette rive gauche, que le partage de l'empire de Charlemagne attribua à Lothaire, alors que la rive opposée revint au roi de France. Depuis cette époque, les mariniers du Rhône disent «côté empire», ou «Empi», pour désigner la rive gauche et «côté royaume», ou «Riaume», pour parler de celle d'en face. Il fallut attendre les XIIIe et XIVe siècles pour que l'influence des rois de France franchisse le fleuve et s'étende au Dauphiné.

La voie triomphale du Rhône

L'homme s'efforça de dompter par d'imposants barrages cette «grande rivière sauvage» (Chateaubriand) qui, de plaine en étroit, descend presque en droite ligne vers le sud. Passé celui de Pierre-Bénite, passé le grand complexe pétrolier de Feyzin, on découvre sur la rive droite *Vernaison,* vieux village de pêcheurs où Bernard Clavel a situé son roman «les Pirates du Rhône». Puis se dresse, juchée sur un coteau verdoyant de l'autre rive, l'église romane de *Ternay.* Bientôt, au confluent du Gier, venu du crêt de la Perdrix dans le mont Pilat, apparaît *Givors,* dans les brumes de ses activités industrielles.

Quelques kilomètres encore et, dans un coude du fleuve, surgit *Vienne,* qu'un tracé d'autoroute fort discutable a séparée du Rhône. Mistral décrivit Vienne «assise comme un autel sur les contreforts du noble Dauphiné» et, bien avant lui, le poète latin Martial l'avait baptisée «Vienna pulchra», «Vienne la Belle». Enserrée par des hauteurs et étagée dans cet amphithéâtre naturel, elle offre à la douce lumière rhodanienne ses vieilles pierres riches d'histoire.

Sa situation, dans le couloir rhodanien et à un carrefour de routes, lui valut d'être d'abord capitale des Allobroges. Puis les Romains s'y installèrent. L'empereur Claude y fit construire de superbes monuments, et, sous Dioclétien, la ville devint capitale de la Viennoise, province qui s'étendait du Léman à la Méditerranée.

Attribuée à Lothaire par le traité de Verdun, la ville devint, en 879, capitale chrétienne du premier royaume de Bourgogne et Provence, inféodé à l'empire. En 1311-1312 s'y réunit le concile convoqué par Philippe le Bel pour réduire les Templiers. La ville ne fut remise au royaume de France qu'en 1349, avec le Dauphiné. Bien que pillée par

agitées; assurer une irrigation plus rationnelle des plaines alentour grâce à un système de canalisations; exploiter la force du fleuve. Ainsi furent élevés de nombreux ouvrages, qui ont fait du Rhône un grand producteur d'énergie électrique et ont favorisé l'essor industriel de la vallée ainsi que la mise en valeur des terres.

À seulement 4 km en aval de Lyon, voici le barrage de *Pierre-Bénite* (9 m de dénivellation, 540 GWh par an). Entre Lyon et Beaucaire, ce sont les barrages de : *Vaugris*, en chantier; *Le Péage-de-Roussillon*, en chantier; *Saint-Vallier* (Gervans : 700 GWh); *Bourg-lès-Valence* (1 080 GWh); *Beauchastel* (1 200 GWh); *Baix-Logis-Neuf* (1 200 GWh); *Montélimar* (Châteauneuf-du-Rhône : 1 725 GWh);

▲ *Andance, où s'amarrent les longues péniches, est un des nombreux ports du Rhône.*

Sanctuaire romain d'ordre corinthien, le temple d'Auguste
▼ *et de Livie, à Vienne.*

Donzère-Mondragon (Bollène : 1 990 GWh); *Caderousse* (860 GWh); *Avignon* (990 GWh); *Vallabrègues* (Beaucaire : 1 255 GWh). Figurent entre parenthèses les noms des centrales.

Chacun de ces ouvrages constitue une centrale « au fil de l'eau », c'est-à-dire que le barrage dirige l'eau du fleuve sur un canal d'amenée. Les turbines de la centrale sont ainsi actionnées par un débit énorme, mais sous faible chute. L'eau rejoint ensuite le fleuve par un canal de fuite. Des écluses, à la hauteur des usines, permettent de franchir les barrages.

Contentons-nous de la description d'un seul de ces ouvrages : le célèbre complexe de *Donzère-Mondragon*, construit entre 1947 et 1952. Son aménagement exigea

le sinistre baron des Adrets pendant les guerres de Religion, elle a conservé de beaux vestiges de son passé.

L'époque romaine a laissé le temple d'Auguste et de Livie, construit non loin du fleuve, qui, par son harmonie et ses dimensions, rappelle la Maison carrée de Nîmes. Au XIᵉ siècle, on enserra ses colonnes à chapiteaux corinthiens dans un mur, ce qui le transforma en église; club des Jacobins sous la Révolution, il fut par la suite utilisé comme tribunal, musée et bibliothèque. Au siècle dernier, on démolit le mur pour redonner à l'édifice son aspect primitif. Autre vestige romain, la pyramide, haute de 24 m, qui décorait autrefois un mur à l'intérieur du cirque — certains ont voulu y voir le tombeau de Ponce Pilate. Romain aussi le théâtre adossé à la colline de Pipet, à l'est de la ville. De vastes dimensions, avec un diamètre de 130,40 m et 46 gradins dallés de pierre blanche, il pouvait accueillir plus de 15 000 spectateurs. De la même époque datent le portique des Thermes, tout proche, et, un peu plus loin, la voie romaine du jardin public.

Cité chrétienne, Vienne possède de beaux sanctuaires. Édifiée du XIIᵉ au XVᵉ siècle, la cathédrale gothique Saint-Maurice présente en façade trois portails flamboyants qui, mutilés au cours des pillages du baron des Adrets, ont cependant conservé la belle décoration des voussures. L'intérieur, long de 90 m et dépourvu de transept, abrite trois amples nefs. Le vaisseau et quatre des travées sont gothiques, les sept autres travées sont romanes. Des frises de marbre de style oriental, incrustées de ciment brun, des chapiteaux dont la décoration est d'improvisation antique, de belles verrières Renaissance font toute la beauté de ce sanctuaire, fruit de plusieurs époques. Les parties les plus anciennes de l'église Saint-André-le-Bas datent du IXᵉ siècle, et le cloître, du XIIᵉ. L'origine de l'ancienne église Saint-Pierre remonte au IVᵉ siècle, et elle a gardé un très beau clocher roman, rectangulaire, baies géminées — elle abrite aujourd'hui un musée lapidaire extrêmement riche.

Vienne possède aussi des rues d'autrefois comme celle du Sauge de vieilles maisons aux façades moyenâgeuses, un bel hôtel, l'hôtel de Boissat, à fenêtres à meneaux, loggias fleuries et tour d'escalier à vi des fontaines, une massive tour carrée bâtie par Philippe de Valois, pont du XVᵉ siècle sur la rivière de Gère...

Au fil des Côtes du Rhône

En aval de Vienne, les paysages changent : de lyonnais qu' étaient, ils deviennent nettement rhodaniens. Sur la rive droite, collines descendent jusqu'au fleuve par des pentes escarpées poussent des vignes en terrasses. Sur la rive gauche s'étire une pla

50 millions de mètres cubes de terrassement et 800 000 m³ de béton. Les techniciens utilisèrent astucieusement le site, un bassin qui s'ouvre après l'étroit défilé de Donzère, à une trentaine de kilomètres en aval de Montélimar. Ils relevèrent les eaux du Rhône à cinq mètres au-dessus de l'étiage par un barrage de retenue et, parallèlement, à l'est, construisirent, entre deux digues, un canal d'amenée de 17,3 km, dominant les terres. Là, à la hauteur du village de Bollène, ils édifièrent la centrale André-Blondel, qui n'utilise pas la totalité du cubage d'eau, dont 25 p. 100 servent à l'irrigation.

Les bateaux franchissent le dénivelé de 26 m par une écluse longue de 195 m, large de 12 m et profonde de 31,50 m. Il faut sept minutes pour la remplir, et le

▲ *Le donjon rectangulaire de Crest,*
l'un des plus grands
que nous ait légués
le Moyen Âge.

passage d'un bateau ne prend, au total, qu'un quart d'heure. À la sortie de l'écluse, le canal de fuite (10,7 km) retrouve le fleuve près de Mondragon.

Pour avoir une vue d'ensemble de la réalisation, il faut monter sur le pont de Barry, qui enjambe le canal d'amenée au nord de la centrale. ■

Crest et son donjon

Sur la rive droite de la Drôme, à quelque 20 km de son confluent avec le Rhône, le gros bourg de Crest doit son nom à la crête rocheuse oblique que domine un énorme donjon rectangulaire de 20 m de long pour 51 m de haut, avec des murs de 4 m d'épaisseur à la base. La « Tour » fut édifiée du XIIᵉ au XVᵉ siècle sur l'emplacement d'anciennes

Au pied de vignobles
et de promontoires boisés,
en aval de Condrieu,
serpente le plus grand
▼ *fleuve de France.*

plantée de vergers et de primeurs, opulent jardin qu'il faut voir au printemps. Ici commence la route des *côtes-du-rhône.* Sur 200 km, de Vienne à Avignon, c'est un nouveau pays vigneron.

Ce sont évidemment les Romains qui ont développé la vigne dans la vallée, sans doute sous le règne de Probus au IIIᵉ siècle apr. J.-C. La tradition raconte que, au Moyen Âge, le chevalier Henri Gaspard de Sterimberg, s'étant fait ermite au retour de la croisade, créa le vignoble de l'Hermitage avec un plant rapporté de Syracuse, la *syrah.* Quoi qu'il en soit, à l'heure actuelle, les crus du Rhône, généralement rouges, sont parmi les plus consommés de France. Plus d'un million d'hectolitres sont produits annuellement par ces vignobles, qui touchent six départements (Ardèche, Drôme, Gard, Loire, Rhône et Vaucluse) et comportent comme principaux cépages : le grenache (70 p. 100), la syrah, la clairette, le pourvèdre, le bourboulenc... — il entre dans la composition de ces vins jusqu'à treize cépages, blancs et rouges. Les nuances sont donc nombreuses, parmi ces vins, mais ils ont un caractère commun : les côtes-du-rhône ont besoin de vieillir, ils y gagnent en chaleur et en subtilité.

Cette diversité de caractère est aussi due à la constitution des sols. Les ceps des Côtes du Rhône septentrionales, au nord de Valence, croissent sur le granite en décomposition des terrasses, tandis que les vignobles des Côtes du Rhône méridionales s'étalent sur une plaine semée de galets et inondée de soleil. Parmi ces vins, citons, du nord au sud, le *côte-rôtie,* vin rouge délicat, plein de finesse, qui, avec l'âge, acquiert un parfum de violette : il est le compagnon idéal des viandes blanches et du petit gibier; le *condrieu,* blanc sec ou demi-sec, frais et moelleux, idéal pour les poissons d'eau douce, les gratins ou les quenelles; le *château-grillet,* blanc sec et doré, que produit une seule propriété de 2 ha — ce vin recherché s'harmonise avec les grands poissons, le caviar, le foie gras. Plus au sud, sur la rive gauche, se côtoient les vignobles de *crozes-hermitage* et *hermitage.* Ici, un vin rouge léger, au goût de terroir et de bonne conservation, et un blanc sec, frais, un peu sévère, qu'il convient de boire jeune. Là, produits par le coteau de l'Hermitage, un grand vin rouge pour gibier et fromages, et un blanc moelleux et sec sans excès, parfait pour les fruits de mer et les crustacés. Descendant toujours, on rencontre, sur la rive droite, les vignobles de *saint-joseph,* qui donnent des vins rouges et blancs, nuancés et subtils; ceux de *cornas,* sur les derniers contreforts des Cévennes — leur vin, de couleur grenat, est bien charpenté et fait merveilleusement cortège à des viandes rouges ou des fromages forts; enfin, ceux de *saint-péray,* qui produisent un « blanc de blanc », d'or foncé, fin, nerveux, parfois champagnisé.

Au sud de Valence, « où commence le Midi », les vignes s'étalent paresseusement dans l'espace alluvionnaire que leur ménagent, en émergeant, les Alpes et les Alpilles. À l'est, elles occupent les

constructions romaines. Les fortifications qui l'entouraient à l'origine furent rasées en 1632 sur ordre de Louis XIII.

À l'intérieur, on visite trois étages de salles et de cachots qui servaient encore au siècle dernier. Le toit se compose de deux terrasses. De la plus haute, par temps clair, on peut voir le mont Gerbier-de-Jonc.

Sorti du donjon, après la descente de l'escalier des Cordeliers, on peut se promener dans le dédale des « viols », les ruelles de la vieille ville de Crest ainsi surnommées. ■

Le « Palais idéal » du facteur Cheval

Entre la fin du siècle dernier et le début de celui-ci, le petit village d'Hauterives, entre Vienne et

▲ *Chef-d'œuvre baroque teinté de surréalisme, l'étrange palais du facteur Cheval.*

Deux ponts suspendus relient Tournon et son vieux château ▼ *à Tain-l'Hermitage.*

Valence, vit s'élever un curieux édifice, marqué au sceau de l'imaginaire : le « Palais idéal » du facteur Cheval.

En 1880, cet humble facteur entreprit de bâtir dans son jardin un palais inspiré par ses rêves et ses lectures. Quotidiennement, au cours de sa longue tournée, il ramassait des cailloux aux formes insolites. Pour construire le « Palais idéal », achevé en 1912, il utilisa 4 000 sacs de ciment et un millier de mètres cubes de maçonnerie.

Long d'environ 26 m, large de 12 à 14 m et haut de 10 à 12 m, ce palais évoque les temples orientaux, les châteaux du Moyen Âge et même les féeriques grottes à concrétions. « Les Muses de l'Orient viennent fraterniser avec l'Occident », déclarait son constructeur, un homme hors du commun, dont

bouquet, dont les vignobles s'adossent aux flancs des pittoresques « dentelles de Montmirail », ou le *vinsobres,* plus discret.

À côté de ces vins prestigieux, il existe des vins de simple appellation contrôlée : *côtes-du-rhône* tout court, que 134 communes produisent. Mêmes cépages, même climat : des vins blancs, rosés et rouges, de 11⁰ au minimum. Les rouges peuvent être relativement légers : ce sont alors des « vins de carafe » ou des « vins de café », commercialisables dès le 15 novembre. Plus solides, ils sont appelés « vins de garde » et ne peuvent être consommés avant un an. Au contraire, les blancs et les rosés doivent être consommés jeunes, car leur goût fruité, caractéristique, ne leur reste guère plus d'une année. Quant aux *côtes-du-rhône-villages,* ce sont en quelque sorte des vins d'élite, produits par 14 communes du Vaucluse, du Gard et de la Drôme. On y trouve des vins de carafe, gracieux et fruités, comme de somptueux vins de garde.

Le Rhône des mariniers

Pour une nouvelle promenade, retrouvons le Rhône en aval de Vienne. *Condrieu,* sur la rive droite, était autrefois le village des mariniers du Rhône, corporation très respectée, car le métier était dangereux, exigeant une connaissance parfaite de ce fleuve fantasque. On les appelait les « culs de piau » à cause de leurs culottes renforcées de cuir. Les Condriots, très attachés à leurs traditions, continuent d'organiser chaque année une course en barques, de Lyon à Condrieu, le dernier dimanche d'avril, et des joutes nautiques les 14 juillet et le premier dimanche d'août.

En aval, *Serrières* expose, dans la chapelle Saint-Sornin devenue musée, les souvenirs de ses hardis nautoniers (porte-voix, croix de proues, palonniers servant à fixer les chaînes des chevaux de halage). Plus loin, l'église d'*Andance* possède une superbe croix marinière. *Saint-Vallier,* où Diane de Poitiers passa une partie de sa jeunesse, fleuve s'étrangle en un étroit couloir, enserré entre d'abrupts versants où s'étagent vignes et vergers. Le cours sinueux du Rhône, encombré d'îles, s'encadre de rideaux de peupliers. Et voici les deux villes sœurs séparées par le Rhône : Tournon sur la rive droite, Tain-l'Hermitage sur la rive gauche, qu'en 1824 les frères Seguin relièrent par un pont, le premier pont suspendu du monde, détruit en 1865. À *Tournon,* on peut visiter l'église Saint-Julien, à la façade flamboyante et au clocher carré (XVIIᵉ s.), le château, dont les terrasses dominent la vallée et où s'est installé un intéressant musée rhodanien. C'est là que mourut, à 19 ans, le dauphin François, aîné de François Iᵉʳ. Quant au lycée Gabriel-Fauré, il n'a pas été trop mal fréquenté au cours des siècles, puisqu'il compta parmi ses élèves

anciennes terrasses du Rhône et de ses affluents vauclusiens; à l'ouest, elles grimpent à l'assaut de la garrigue des plateaux de l'Ardèche et du Gard. *Rasteau* et *beaumes-de-venise* sont des vins d'apéritif ou de dessert qui se consomment jeunes et frais. Mais, dans cette partie de la vallée, le sol caillouteux se prête surtout aux vins rosés. Ce sont, sur la rive droite, le *lirac* et le *tavel*. Le *lirac* est un rosé tout de grâce et de parfum; mais ce peut être aussi un rouge équilibré et plein de sève et, quoique plus rarement, un blanc très original. Le *tavel,* son voisin, naît sur l'âpre terre gardoise : sec, légèrement épicé, il porte en lui tout le parfum de la garrigue. Philippe le Bel assurait : « Il n'est bon vin que de Tavel », et François Iᵉʳ ainsi que Louis XIV le goûtaient fort. Cependant, le cru le plus remarquable est ici un vin rouge : le *châteauneuf-du-pape*. « Imaginez, a écrit un spécialiste, une vigne défiant la nature, croissant à même les galets roulés et les terres rouges graveleuses de vastes terrasses, au point qu'il semble inconcevable que le végétal trouve là sa nourriture. [...] Bien calée sur ses galets chauffés à blanc, secouée par le mistral, assourdie par les cigales, baignée des parfums de la garrigue environnante, la vigne invente le plus capiteux, le plus civil, le plus puissant, le plus bouqueté, le plus chaud, le plus ensorcelant des vins... » Ce vignoble original, mélange d'une douzaine de cépages, produit quelque 100 000 hl. Sans vouloir contester la royauté de ce châteauneuf-du-pape, il serait injuste d'en terminer avec les côtes-du-rhône sans citer aussi le rouge de *gigondas,* plein de panache et de

maximes et confessions, semées de-ci de-là sur les murs, nous révèlent la philosophie. Des galeries en dédale, des escaliers, des plates-formes, des tours, des palmiers, d'étranges ornements... ce sont là tous les fantasmes d'un solitaire.

Cheval avait construit ce palais en pensant qu'il serait son mausolée. Comme cela ne pouvait être, il se mit à construire à 76 ans, dans le même style, son tombeau dans le cimetière officiel. Ce travail achevé, il mourut en 1924. ■

Notre-Dame d'Aiguebelle

À une quinzaine de kilomètres de Montélimar, sur la route de Grignan, il faut voir l'abbaye de *Notre-Dame d'Aiguebelle*. Les bâtiments extérieurs sont modernes, mais,

▲ *Dans un vallon verdoyant,*
une sobre architecture cistercienne :
l'abbaye Notre-Dame d'Aiguebelle,
propriété de la Trappe.

Protégé par les
« dentelles » de Montmirail,
le vignoble de Gigondas
▼ *pousse à flanc de montagne.*

à l'intérieur, elle a gardé de nombreuses parties du monastère cistercien du XIIe siècle, notamment le transept et l'abside de l'église ainsi que la galerie du cloître contigu et le réfectoire, particulièrement bien conservé. Autour des bâtiments s'étendent les jardins et les champs cultivés par les moines.

Créée à la demande de saint Bernard, en 1137, dans un vallon verdoyant et solitaire, Notre-Dame d'Aiguebelle devint rapidement riche et prospère. Mais, lorsque les huguenots la dévastèrent en 1562, sa décadence était déjà entamée. La Révolution l'acheva. Rachetée par l'Église en 1815, elle est depuis soumise au dur régime de la Trappe. Les moines y fabriquent une liqueur connue, la liqueur d'Aiguebelle, très parfumée, ainsi que des pâtes de fruits et des sirops. ■

poète Honoré d'Urfé et, plus tard, parmi ses professeurs, un autre poète, Stéphane Mallarmé, qui y enseigna l'anglais. Moins littéraire, ~~ain~~ jouit en revanche d'une réputation gastronomique justifiée, ne ~~rait~~-ce que par son cru de l'Hermitage.

Pour gagner Valence, il faut emprunter, sur la rive droite, la route ~~de~~ la corniche du Rhône, qui, à *Saint-Romain-de-Lerps*, à 650 m ~~d'~~altitude, offre une vue grandiose sur la vallée et la plaine alluviale ~~de~~ l'Isère, qui se jette dans le fleuve juste en face. C'est ensuite le ~~dé~~*filé de Crussol,* commandé par un promontoire de roche blanche où, ~~au~~ XIIe siècle, Bastet de Crussol choisit d'élever, au-dessus de l'à-pic, ~~un~~ château fort dont il ne reste aujourd'hui que des ruines. La petite ~~his~~toire prétend que, en 1785, Napoléon Bonaparte, cadet à l'école

d'artillerie de Valence, entreprit et réussit la périlleuse ascension de la falaise de Crussol.

À la porte du Midi

Située sur l'autre rive, au confluent de la vallée de l'Isère, qui mène à Grenoble et à Genève, *Valence* se veut la porte du Midi. Elle était déjà évêché en 374, mais, contrairement à bien des villes au riche passé, elle a su rester vivante grâce à l'importance de son marché agricole, surtout fruitier, et à une industrie active. La cathédrale romane Saint-Apollinaire a été très restaurée au XVIIe siècle. Le plus

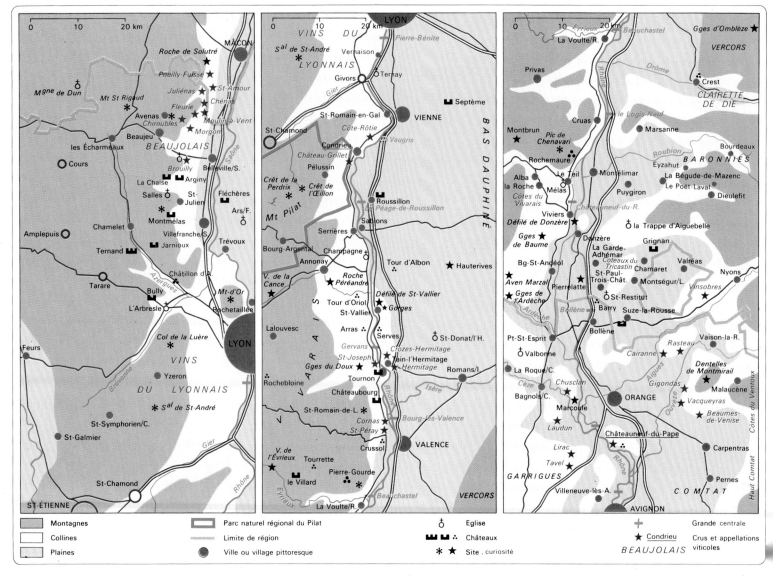

Montagnes
Collines
Plaines
Parc naturel régional du Pilat
Limite de région
Ville ou village pittoresque
Église
Châteaux
Site, curiosité
Grande centrale
★ Condrieu
Crus et appellations
BEAUJOLAIS viticoles

curieux des monuments de la ville est une chapelle sépulcrale inspirée de l'antique, mais datant de la Renaissance, que l'on appelle le « Pendentif ». Elle présente, sur ses quatre côtés, une ouverture en plein cintre. Le champ de Mars de Valence, parallèle au Rhône, domine l'agréable parc Jouvet et le fleuve, dont ici, comme à Vienne, l'autoroute interdit l'accès. Pendant son stage à l'école d'artillerie, Bonaparte fréquenta la « maison des têtes », logis Renaissance qui existe toujours et doit son nom à quatre grandes têtes sculptées en haut relief sur sa façade. Un libraire, Pierre Aurel, y était installé, et le jeune artilleur, qui en fit son ami, lut tous ses livres.

Deux siècles et demi plus tôt, la ville, qui abritait alors une université fondée par le futur roi Louis XI, avait accueilli un autre étudiant dont on devait parler : François Rabelais. La chronique veut même que le carabin ait eu une aventure avec la fille du célèbre juriste Jacques Cujas, qui y enseignait le droit.

C'est à Valence enfin que le baron des Adrets, un voisin dauphinois, commença, à 49 ans, une carrière de tueur et de pillard qui le rendit célèbre. En 1562, le gouverneur de la ville, hostile à la Réforme, fit pendre trois protestants. Le baron, qui venait précisément d'adhérer à la Réforme, prit le commandement des troupes protestantes de la région et s'empara de la ville. Il pendit le gouverneur à une fenêtre de sa maison, massacra de nombreux catholiques et ravagea la cathédrale. Puis il mit à feu et à sang le Lyonnais, le Dauphiné, le Beaujolais, le Forez et le Languedoc pour justifier le jugement de Coligny : « c'est une bête furieuse ». Bien que livré aux catholiques par les siens, ce personnage de sinistre mémoire n'en mourut pas moins dans son lit à l'âge de 74 ans.

En revanche, c'est sur la place des Clercs à Valence, et devant une assistance fournie, que, le 26 mai 1755, Mandrin, le « brigand

bien-aimé », Dauphinois lui aussi, finit ses jours, étranglé, par faveur spéciale, après avoir été roué.

Au pays du nougat

Sur la rive droite, en aval de Valence, et en Vivarais commence une nouvelle corniche, celle de l'Eyrieux, qui offre de nombreux points de vue, dont celui du col des Ayes, situé avant *La Voulte-sur-Rhône*. Ce petit chef-lieu de canton de l'Ardèche est célèbre par son équipe de rugby, son pont de chemin de fer en béton précontraint et son château Renaissance, mis à mal en 1944 par les Allemands en déroute. Avant de faire halte à Montélimar, il faut visiter les ruines de la citadelle de *Rochemaure* (« roche noire »), qui, construite au XIIIe siècle, resta en activité jusqu'au XVIIe, où elle résista aux huguenots. À moins de 3 km, le pic de Chenavari, avec ses 507 m, est un observatoire de tout premier ordre d'où l'on voit les dents et les pics du Vercors se profiler à l'horizon, vers l'est.

En face, rive gauche, c'est *Montélimar,* à l'origine Mont-Adhémar, du nom des puissants féodaux qui y édifièrent une forteresse au XIIe siècle. Remanié au XIVe siècle, le château servit de prison de la Révolution jusqu'en 1929. C'est l'industrie du nougat qui fit la célébrité de Montélimar. La ville peut en être reconnaissante au génie de l'agriculteur Olivier de Serres, qui, sous Henri IV, introduisit entre autres plantes exotiques, l'amandier, venu d'Asie, dans son domaine expérimental du Pradel, près de Villeneuve-de-Berg. La culture de l'amandier se généralisa dans la région, qui produisait aussi du miel. Des amandes et du miel : il n'en fallait pas plus pour faire le nougat.

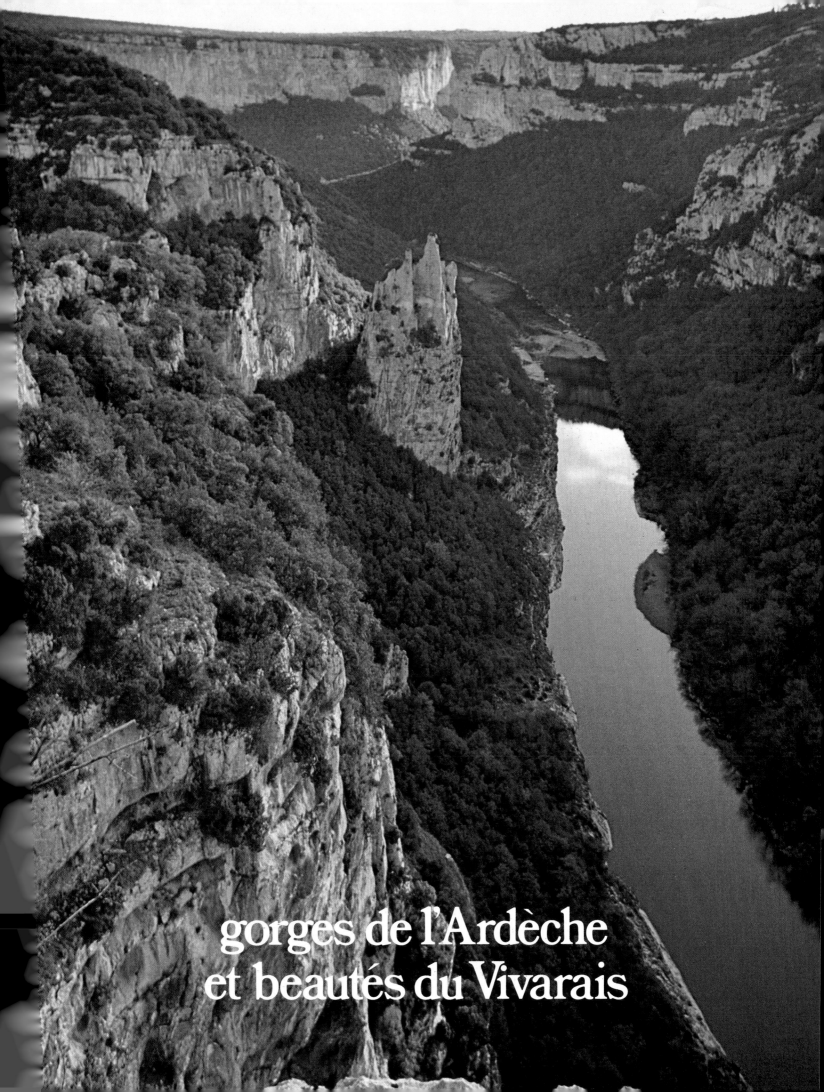

gorges de l'Ardèche
et beautés du Vivarais

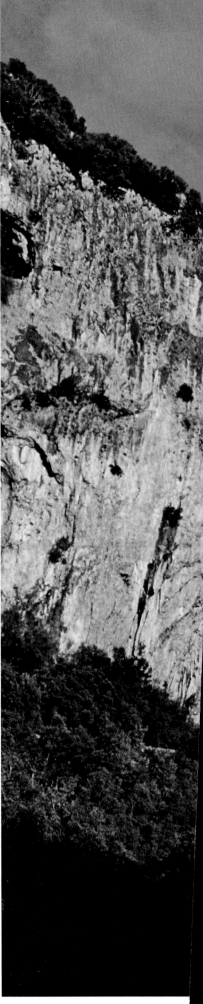

◄ Les gorges de l'Ardèche,
vues du belvédère de la Madeleine :
les flèches de «la Cathédrale», à gauche,
et, au fond, le mur des «Remparts».

▲ Non loin du Gerbier de Jonc,
une coulée de basalte
fait former à la Bourges
la cascade du Ray-Pic.

▲ Près du pont d'Arc,
l'Ardèche a façonné
les hautes falaises
du cirque d'Estré.

*B*ondissant par-dessus les obstacles de lave dure, les rivières du Vivarais ont creusé
le tendre calcaire de gorges profondes, de murailles à pic et de cirques grandioses.

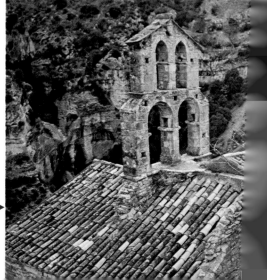

▲ *Vergers en terrasses*
sur les pentes caillouteuses
du Vivarais. (Vallée de Thines.)

Dans la moyenne vallée de l'Ardèche, ▶
château en ruine et chapelle romane
du village abandonné de Rochecolombe.

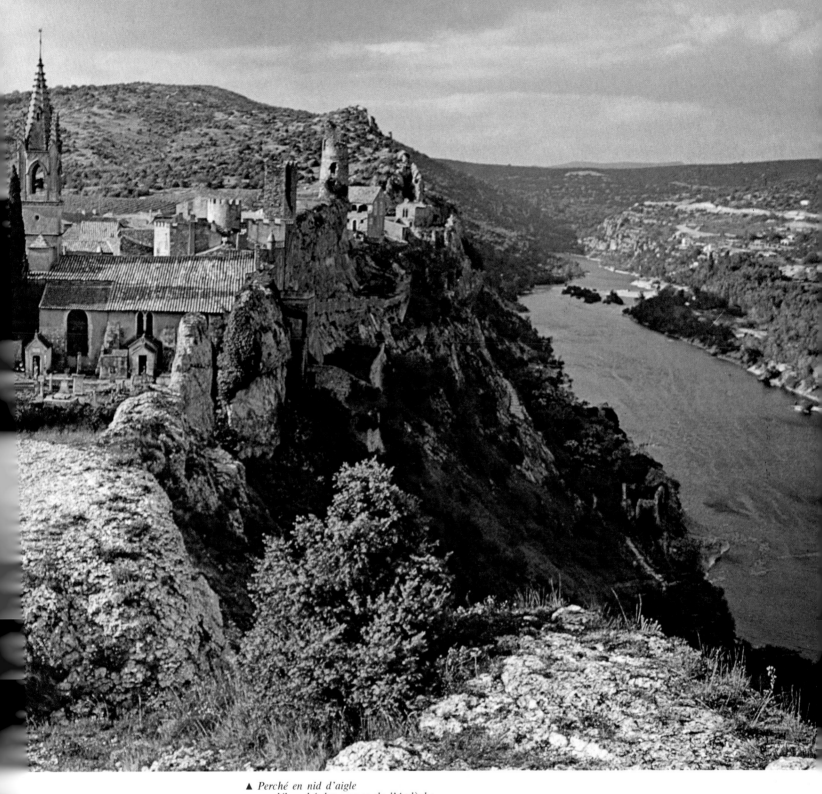

▲ *Perché en nid d'aigle*
  au débouché des gorges de l'Ardèche,
  le vieux village d'Aiguèze.

On n'élève plus de vers à soie,
les mûriers qui alimentaient les magnaneries dépérissent ;
le ramassage des châtaignes ne nourrit plus son homme,
les vergers eux-mêmes sont délaissés,
mais la beauté du Vivarais attire chaque été
de pacifiques envahisseurs dans le vieux pays dépeuplé.

Pages suivantes : ▶
Situé au sommet d'un vertigineux à-pic,
le belvédère du Ranc-Pointu domine
le dernier méandre encaissé de l'Ardèche.

Parois abruptes et rochers tourmentés,
orgues de calcite ou de basalte,
toutes les fantaisies minérales s'ajoutent à la variété des sites
pour faire du Vivarais un musée des beautés de la nature,
où voisinent causses arides et vallées ombreuses,
grands espaces lumineux et grottes enténébrées.

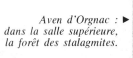

Aven d'Orgnac : ▶
dans la salle supérieure,
la forêt des stalagmites.

8. Gorges de l'Ardèche

◀ La vigueur des crues de l'Ardèche
a puissamment buriné
les falaises de calcaire.

Sculptés par les intempéries,
les étranges rochers
du bois de Païolive. ▼

◀ Dégagés par l'Ardèche,
les prismes de basalte
du pavé des Géants,
à Thueyts.

10. Gorges de l'Ardèche

▲ *Lisse comme un miroir,*
l'impétueuse Ardèche semble se reposer
des efforts fournis
pour creuser dans la muraille
le monumental pont d'Arc.

▲ *Au fond des gorges boisées,*
descente de l'Ardèche en kayak.

*E*ntre le rebord oriental du Massif central et la vallée du Rhône s'étend une région aux paysages violemment contrastés, que nos ancêtres appelaient Vivarais et dont nous avons fait le département de l'Ardèche. Montagnarde à l'ouest, rhodanienne à l'est, méridionale au sud, c'est une contrée multiforme et fragmentée. Une longue coulée de lave la coupe en deux. Au nord, le haut Vivarais s'étage en marches d'escalier entre la Haute-Loire et le Rhône; au sud, le bas Vivarais est une région de garrigues, dans le calcaire desquelles des cours d'eau aux allures de torrents ont creusé gorges et grottes. Le premier est le domaine des sapins, des mûriers dont se nourrissaient autrefois les vers à soie, des châtaigniers, des vergers et des petites industries; le second est celui des pins, des chênes verts, des buis et des vignobles.

Le canyon dans la garrigue

Au sud du bas Vivarais, entre Vallon-Pont-d'Arc et Saint-Martin-d'Ardèche, c'est déjà le Midi, et le paysage aride des plateaux des Gras et de Ronze s'accommode mal de la pluie : ses horizons de garrigues réclament le plein soleil. Les chemins forestiers, tracés aux fins de débardage hier et de reboisement aujourd'hui, déroulent dans les lentisques leur ruban de terre rouge, que jalonnent les tas de cailloux coniques des cantonniers et les lapiaz de calcaire, parmi les chênes kermès, les genévriers et les buis épais.

Le silence règne. Ceux qui ont décrit la garrigue ardéchoise bourdonnant sous la chaleur de l'été se sont trompés de saison. Ici, l'été, la vie est écrasée par la canicule, et même chez le petit monde des insectes l'activité est suspendue.

Les deux plateaux sont jumeaux : même calcaire criblé de trous, même douceur des reliefs, mêmes étendues caillouteuses aux maigres bosquets de chênes verts, parsemées de menhirs et de dolmens. Ils sont faits pour se rejoindre ou se prolonger. Pourtant, ils sont séparés par un fossé, une crevasse, un abîme, un de ces mondes verticaux qui fendent les horizons tranquilles : les gorges de l'Ardèche.

Naguère encore, ce nom n'avait pas un grand pouvoir évocateur. Les amateurs de merveilles naturelles qui défilaient en foule le long des gorges du Tarn ou du canyon du Verdon ignoraient les splendeurs de la crevasse ardéchoise. Moins longue, moins variée peut-être que les défilés du Tarn, mais bien plus nette et plus profonde, moins difficile, moins tragique que le grand fossé du Verdon, mais plus continue et plus longue, la gouttière de l'Ardèche possède des atouts qui lui sont propres et qui lui confèrent un attrait touristique exceptionnel, capable de rivaliser avec celui des deux autres canyons majeurs de la France.

D'abord, il y a la lumière. À la transparence de l'air, venue de la Provence voisine, s'ajoute une luminosité presque montagnarde qui fait éclater le gris des rochers en mille nuances rappelant le duvet de la tourterelle, le dos du goéland ou l'empennage de l'albatros, tandis que les nappes de feuillage qui tapissent les corniches et couronnent les versants prennent une teinte sombre et ajoutent leur touche solennelle à un site déjà grandiose.

Le canyon de l'Ardèche tire aussi sa séduction du contraste entre la majesté impressionnante de ses parois et la gaieté du lit de la rivière, où tout semble ensoleillé, joyeux. À l'étiage, l'Ardèche débite encore 5 m³/s et reste une belle rivière aux longues vasques d'eau verte. Sur ses rives, des plages de sable fin et le bruissant couvert des chênes verts invitent au repos. Il y a, au fond de ces gorges, quelque chose de paradisiaque.

Enfin, l'atout majeur de ce canyon réside dans ses reliefs aux formes inattendues et, en premier lieu, dans le fameux Pont d'Arc, géniale bizarrerie de la nature, placée au meilleur endroit et sous le meilleur angle pour susciter l'admiration des visiteurs et justifier sa réputation de curiosité vedette.

On pourrait s'étonner qu'un site aussi attractif ait attendu si longtemps la notoriété. À ce phénomène, une explication simple : l'isolement. Jusqu'à la dernière décennie, les 31 km de méandres que développe la gorge se déroulaient dans un désert. Entre Vallon-Pont-d'Arc et l'écluse de Saint-Martin-d'Ardèche on n'apercevait pas une maison, et pas une route ne venait faciliter l'accès ni tempérer l'appréhension qu'inspirent de tels paysages. Seuls les amoureux de la nature vierge se risquaient dans ce pertuis...

Chef-d'œuvre des eaux et du calcaire

Aujourd'hui, une route en corniche a été taillée dans la rive gauche du canyon, à l'intention des touristes. On ne saurait trop vanter l'ingéniosité de son tracé, suffisamment éloigné du fond de la gorge pour préserver sa sauvagerie, mais le dominant d'assez haut pour que l'on puisse apprécier l'ampleur de la crevasse.

C'est le soir, à l'heure où la lumière rasante découpe les reliefs et rosit les frontons de calcaire, qu'il faut emprunter cette route, de préférence dans le sens amont-aval, c'est-à-dire de Vallon-Pont-d'Arc vers Saint-Martin-d'Ardèche, afin de ne pas être séparé du spectacle de la gorge par la largeur de la chaussée.

La vitesse limitée — 60 km/h — permet d'apprécier le défilé qui s'approfondit, se creuse de cavernes. Au détour de la route, le Pont d'Arc apparaît, impressionnante arche de roc, dominant un bief glauque où se reflètent la roche du Moine et la falaise d'Estré.

Les capitelles, un curieux habitat de l'Ardèche

Parfois, dans les garrigues de l'Ardèche, le cône aplati d'une hutte en pierres sèches émerge au-dessus de l'horizon des buis. C'est une curieuse forme d'habitat pastoral. Ici, on appelle ces huttes des « capitelles », c'est-à-dire des petites têtes. Elles sont cousines germaines des « cayrons » du Quercy, des « bories » du Vaucluse, des « cadoles » de la Bourgogne et des « chibottes » du Velay.

Leur structure est simple. Un cylindre de pierres sèches, soigneusement appareillées, forme leur mur. Un cône, lui aussi de pierres sèches, vient coiffer cette enceinte. La voûte en encorbellement témoigne d'une grande habileté. Les pierres plates sont posées l'une sur l'autre suivant un tracé elliptique. Chaque pierre avance d'un tiers au plus sur celle de la rangée inférieure : l'encorbellement se soutient par son propre poids. Au sommet, un gros bloc de calcaire surmonte la dalle faîtière, pour empêcher que le vent n'emporte cette légère clef de voûte.

La taille de ces constructions est très variable, la hauteur pouvant être inférieure au mètre ou dépasser 3 m. Quant à leur âge, il l'est encore plus : certaines de ces cabanes sont l'œuvre d'un cantonnier craignant les orages, alors que d'autres ont abrité des familles éteintes depuis des siècles, et comme les pierres sont toujours les mêmes, comme le procédé de construction n'a pas varié depuis le Moyen Âge, si ce n'est plus, rien ne les différencie. ■

▲ *Méthodique assemblage de pierres plates, la capitelle d'un berger.*

Reliée au plateau par le mince pédoncule du pas du Mousse,
▼ *la presqu'île d'Ebbo.*

Au-delà, les belvédères aménagés (balcon de ciment et balustrade [de] fer) et les points de vue se succèdent : belvédère du rocher de [l']aiguille, avec son obélisque détaché de la rive gauche et le rocher [des] Cinq-Fenêtres; belvédère de Gaud, au pied duquel s'élève un petit [châ]teau du XIXᵉ siècle; aiguille de Morsanne et virage de Gournier d'où la vue plonge sur le cirque du même nom; belvédère de Rochemalle, d'où il faut lancer un regard en arrière sur l'enfilade des contreforts; belvédère de la Madeleine, dominant le cirque homonyme et la presqu'île portant les ruines d'une ancienne maladrerie, dite « des Templiers » (les eaux de la région avaient autrefois la réputation de

▲ *De Lamastre à Tournon,*
le train touristique du Vivarais
emprunte les gorges du Doux,
tapissées de verdure.

Le Vivarais cévenol

À l'ouest de Vallon-Pont-d'Arc, dans un bassin verdoyant situé entre les sombres arêtes de schiste du Massif central et le blanc calcaire du bas Vivarais, *Les Vans,* « porte » orientale du parc national des Cévennes, sont un agréable centre de villégiature.

Au nord, de pittoresques villages s'éparpillent parmi les pins, les vignobles et les châtaigniers, avec leurs vieilles maisons au toit de lauzes et leur église romane. Plus haut, dans un désert de pierraille, la *corniche du Vivarais cévenol* domine tour à tour les crêtes déchiquetées du Tanargue et les bassins du bas Vivarais. Planté au sommet d'un piton isolé, dans un site d'une sauvage grandeur, le hameau presque abandonné de *Thines* recèle une ravissante église romane, aux pierres multicolores, à laquelle on accède par un large escalier de granite gris; à l'entrée du village, un centre artisanal expose les objets traditionnels fabriqués par les montagnards.

À l'est des Vans, un triangle de 5 km de côté abrite l'une des curiosités naturelles les plus surprenantes du Vivarais : le *bois de Paiolive.* Parmi les arbres, le calcaire ciselé par l'érosion forme un vaste labyrinthe de pitons aux silhouettes tourmentées, que l'on prendrait pour les ruines d'une citadelle antique. L'un des sentiers qui parcourent ce chaos longe, sur 1 km, la grandiose *corniche du Chassezac,* dont la muraille verticale, haute de 150 m, se déploie autour d'un promontoire abrupt, couronné par le manoir de Casteljau. ■

Vestiges du château de la Tourrette,
sentinelle postée à l'entrée
▼ *des anciens États du Languedoc.*

guérir la lèpre); vers l'amont pointent les flèches du majestueux piton rocheux baptisé « la Cathédrale », l'un des plus imposants de toute la gorge.

Les murailles, hautes de 300 m, se dressent parallèlement jusqu'à la combe de Pouzat. Au-delà, des vallons réduisent progressivement la hauteur de la rive gauche, jusqu'à l'abaisser au niveau de la rivière. Le spectacle se termine juste avant le pont de Saint-Martin-d'Ardèche par un fronton rocheux vertical, couronné par les remparts du village médiéval d'*Aiguèze,* dont le chemin de ronde domine la rivière.

Ce point final ne manque pas d'attrait. Tout se passe comme si les constructions des hommes voulaient relayer celles de la nature. Mais, en dépit de leur hardiesse, ces murs de pierre sèche que la ruine menace, si dérisoires dans leur orgueilleuse ambition, ne parvienne qu'à magnifier, par contraste, le formidable ouvrage des eaux et calcaire.

Visiter les gorges en voiture n'en procure qu'un aperçu, alors q les suivre par le fond, à pied ou en barque, offre un spectacle conti et sans cesse renouvelé. Vues d'en bas, les falaises sont pl écrasantes, et cette pérégrination sans difficulté (il n'y a que 13 m dénivellation entre les deux extrémités des gorges) place le rando neur dans l'intimité même du relief.

On s'enfonce dans la gouttière à 2 km en aval de Vallon-Po d'Arc, et tout de suite se révèlent des falaises trouées de grott invisibles de la route. Les écueils de Cayre-Creyt déchirent les ea

Les caprices de l'Ardèche

Le régime de l'Ardèche est l'un des plus capricieux de France. Sa caractéristique principale est la soudaineté et la violence des crues, et les touristes qui s'aventurent dans les gorges ne doivent jamais l'oublier. Quelques chiffres en donneront une idée. Le débit, qui est de 50 m³/s en moyenne, peut atteindre 3 000 m³/s! La vitesse du flot est alors de 15 km/h. Les crues de l'Ardèche sont si puissantes que l'on a vu son flot traverser le Rhône et venir frapper la berge opposée du fleuve.

Les caprices de l'Ardèche sont dus au drainage important de son bassin d'alimentation, aux très violents orages (jusqu'à 600 mm de pluie en cinq jours) qui s'abattent sur la région et à la faible capacité régulatrice du calcaire environnant. Les crues les plus redoutables se produisent à la fin de l'été, lorsque, après une première pluie qui a saturé le sol des plateaux, un orage fait soudain cracher tous les déversoirs, faisant converger un énorme cubage d'eau vers la gouttière des gorges. ■

La légende de Marzal

En 1812, la vieille haine qui opposait un braconnier au garde-chasse de Saint-Remèze trouva un dénouement dramatique dans les solitudes du plateau des Gras. Le braconnier tua le garde-chasse d'un coup de fusil et le précipita, ainsi que son chien, dans l'aven de la Varade, dont l'orifice béait loin de tout témoin indiscret.

▲ *Sur le plateau de Ronze,
le hameau du Garn,
d'où un sentier conduit
à la maladrerie des Templiers.*

*Dans la haute vallée de l'Ardèche,
les ruines féodales
▼ du château de Ventadour.*

de la rivière, et la résurgence de Foussoubie sourd entre les rochers. Au-delà veille la roche du Moine.

À un détour, on découvre enfin le Pont d'Arc. L'arche a 59 m de large, 34 m de flèche, et le tablier domine de 65 m le niveau moyen de l'eau qui passe sous l'arcade. Le bief bordé de plages invite au repos, face à cet étonnant pont naturel. Autrefois, l'Ardèche décrivait ici un méandre. Aidée par les infiltrations, elle a coupé au plus court, et le détour abandonné forme aujourd'hui le cirque d'Estré.

Le même phénomène a failli se reproduire un peu plus bas avec la grotte d'Ebbo (ou Ebbou), dont l'entrée s'ouvre maintenant à une vingtaine de mètres au-dessus de l'eau. L'érosion a fouillé le calcaire et creusé une longue galerie (dont les parois sont constellées de gravures préhistoriques), mais elle n'a pas réussi à percer complètement l'isthme du méandre, comme au Pont d'Arc. Il subsiste un étroit pédoncule, qui porte un passage, dit «pas du Mousse», permettant de gagner le plateau depuis le fond de la gorge.

On passe entre les rochers de l'Aiguille, des Cinq-Fenêtres et du Saleyron avant d'emprunter une longue rue d'eau qui aboutit à deux méandres disposés en chicane, celui de Gaud et celui du Pigeonnier, suivis par celui de Gournier.

L'Ardèche, qui glisse sur de vastes dalles de calcaire presque plates, aborde le méandre de la Madeleine où se cachent un camp de naturistes et la grotte de la Madeleine. Les nombreux orifices de caverne qui percent la muraille de la Cathédrale la rendent un peu moins écrasante, mais plus mystérieuse. Les bastions naturels se succèdent : rocher du Fort, remparts de Garn, rochers de Castelvieil.

Sur la rive gauche, dont la hauteur s'amenuise, s'ouvre la grotte de Saint-Marcel, invisible depuis le fond. D'autres murailles, d'autres rochers, un dernier méandre dominé par le Ranc-Pointu, et l'on finit par apercevoir l'écluse, le camping de Sauze, les maisons d'Aiguèze, et le pont suspendu de Saint-Martin-d'Ardèche où s'achève la randonnée.

Le canyon de l'Ardèche peut aussi se descendre en barque, au départ de Vallon-Pont-d'Arc, ou, pour les sportifs, en canoë ou en kayak. Vingt-neuf rapides — que l'on appelle ici des «capaous» et dont trois nécessitent d'être reconnus au préalable — ont conduit la Fédération française de canoë-kayak à attribuer les classes II et III (la classe I étant réservée aux cours d'eau vraiment faciles, et la classe IV à ceux qui sont à peu près impraticables) au tronçon compris entre Vallon-Pont-d'Arc et Saint-Martin-d'Ardèche, les difficultés de la descente variant avec la hauteur des eaux. Il faut compter de six à huit heures pour faire le trajet, mais il convient de se méfier des orages, qui provoquent des crues soudaines. Chaque année, au printemps, un rallye nautique réunit dans les gorges des centaines de pagayeurs venus de tous les pays.

▲ *Les toits de tuiles vernissées
de l'ancienne chartreuse
de Valbonne.*

Pourtant, même dans ces déserts, des yeux veillaient. Le meurtrier fut confondu, le cadavre retrouvé accroché à une pointe de rocher, et l'aven prit comme nom le sobriquet que l'on donnait au garde-chasse : Marzal, qui désigne en patois une graminée sauvage.

Plus d'un siècle plus tard, lorsque le spéléologue Ageron descendit au fond du gouffre de Marzal, il découvrit le squelette du malheureux chien, qui est maintenant exposé à côté de celui, plus décoratif, d'un cerf à l'ample ramure. ■

Incursion dans le Gard

Au sud de l'aven d'Orgnac, les garrigues du Gard cachent, entre leurs pierrailles, leurs touffes de buis et leurs maigres bouquets de chênes verts, de nombreux sites dignes d'intérêt. Dans ce sol calcaire, les rivières se sont creusé des gorges profondes. Les plus spectaculaires sont celles de la Cèze, dédale de crevasses, de marmites de géants et de cascatelles, et surtout celles de l'Aiguillon, connues sous le nom de *Concluses;* leurs murailles criblées de grottes finissent par se rejoindre à leur sommet, au-dessus d'un défilé d'une impressionnante solitude : c'est « le Portail ».

Toute cette région est dominée par le *mont Bouquet,* dont le sommet (629 m) est dénommé « Guidon » à cause de sa curieuse silhouette en forme de bec. On y découvre un gigantesque panorama s'étendant des Cévennes aux Alpilles, avec tout le bas Vivarais entre les deux.

Les hommes, au cours des siècles, ont laissé des traces de leur passage

Les affluents souterrains de la gorge

Entaillant profondément (de 100 à 300 m) les causses des Gras et de Ronze, le canyon de l'Ardèche draine toutes les eaux qui s'infiltrent dans la masse fissurée de la roche : les multiples « sources » qui se déversent dans les gorges sont en réalité autant de résurgences d'eaux souterraines.

Les affluents souterrains du canyon de l'Ardèche font, depuis trois quarts de siècle, l'objet d'une exploration systématique, parfois rendue périlleuse par la présence d'oxyde de carbone, due à une ventilation insuffisante. On a ainsi découvert des dizaines de kilomètres de galeries. Le réseau le plus complexe de ce monde de la nuit est celui de *Foussoubie,* dont l'orifice s'ouvre dans le canyon, en amont du Pont d'Arc. Il restitue les eaux englouties 120 m plus haut, à une distance de 3,5 km, et ses galeries, souvent coupées de siphons, courent sur plus de 20 km, ce qui leur vaut la troisième place dans la liste des plus longues cavernes de France.

Les grottes touristiques des gorges de l'Ardèche

L'exploration d'un réseau comme celui-là requiert des qualités d'athlète et de solides connaissances techniques, mais il n'en va pas de même pour toutes les grottes. Depuis un siècle et demi, la vocation des gorges de l'Ardèche pour le tourisme souterrain est devenue une tradition. Trois cavernes sont aménagées pour accueillir les visiteurs dans les flancs mêmes du canyon ou à ses abords immédiats : la grotte des Tunnels, la grotte de la Madeleine et l'aven de Marzal.

La *grotte des Tunnels,* riveraine de la route des gorges, fut creusée par l'un des affluents souterrains du méandre fossile de l'Ardèche. Quelques stalactites excentriques et une « cascade » de calcite sont les principaux attraits de cette cavité modeste.

La *grotte de la Madeleine,* ouverte au public depuis 1969, est située en amont du rocher de la Cathédrale. Les aménagements englobent la grotte de Lescure (la plus haute), reliée par un tunnel artificiel à la grotte de la Madeleine qui se trouve 40 m plus bas, à 95 m au-dessus du niveau de l'Ardèche. Ces deux étages d'un delta souterrain depuis longtemps abandonné par les eaux ont des attraits différents. Le sol de la grotte de Lescure renferme des vestiges de la faune glaciaire (ours, cerfs, rennes), tandis que la grotte de la Madeleine présente, sous ses amples voûtes, les captivantes fantaisies de la calcite, depuis les classiques coulées et draperies de cristal jusqu'aux stalactites excentriques ou fistuleuses, en passant par les « disques » de carbonate de chaux dont la formation et la position en limite de rupture posent des problèmes encore insolubles.

L'*aven de Marzal* se trouve sur le plateau des Gras, entre les deux seuls villages de ce désert, Bidon et Saint-Remèze. Exploré par Martel en 1892, oublié par la suite, retrouvé en 1949 et aménagé par le spéléologue Ageron, le gouffre comprend une cheminée verticale, profonde de 55 m, débouchant dans le plafond d'une vaste caverne abondamment décorée de concrétions. Les visiteurs descendent dans le puits par un escalier, admirent les diverses salles de la grotte (surtout la salle des Diamants, ultime attraction de la caverne, à 130 m de profondeur) et remontent par un tunnel artificiel qui débouche à 20 m de l'orifice naturel. Dans le bâtiment d'accueil de l'aven, un intéressant musée de la Spéléologie expose, à l'aide de mannequins, le matériel et les techniques utilisés par les différentes générations de conquérants des abîmes.

Dans la falaise du canyon, en amont du belvédère du Ranc-Pointu, s'ouvre sous un bouquet d'arbres, à une quarantaine de mètres au-dessus de la rivière, l'une des plus belles et des plus longues cavernes de France, la *grotte de Saint-Marcel.* Sur 4 km (sur plus de 20 actuellement reconnus!), des aménagements sommaires, datant du siècle dernier, permettent aux amateurs accompagnés d'un guide d'admirer un prodigieux défilé de scintillantes concrétions aux noms évocateurs : galerie des Boas, Tour de Babel, Tente d'Abraham, Massue de Goliath... La grotte est surtout réputée pour ses gours, cuvettes d'eau limpide aux parois si translucides qu'on les appelle les « bassins de dentelle ». Le spectacle est féerique, et les sujets d'émerveillement se succèdent à une telle cadence que les quatre heures que dure la visite passent vite...

Le cœur dans l'aven

En France, les curiosités naturelles dont le nom est associé à celu de la commune où elles se trouvent sont rares. On aurait pu connaîtr Gavarnie-le-Cirque ou Étretat-l'Aiguille. En Ardèche, cependan Orgnac est devenu Orgnac-l'Aven, comme La Balme, en Isère, fut u jour rebaptisée La Balme-les-Grottes — un pléonasme...

À l'entrée du célèbre *aven d'Orgnac,* qui s'ouvre à quelque distanc du village, parmi les chênes verts du bois de Ronze, une pancart proclame : « Ici, on n'est pas mystifié. » Allusion aux publicit tapageuses et mensongères qu'engendre trop souvent la commercia sation des sites naturels. Légitime orgueil aussi. L'aven d'Orgnac e une des cavités les plus spectaculaires du monde. L'énormité d salles, le gigantisme qui caractérise l'ensemble des concrétio composent un paysage plus insolite qu'écrasant, moins majestue que fantastique, qui laisse le visiteur confondu.

Car, bien entendu, l'aven d'Orgnac est aménagé pour le tourism

sur cette terre aride. Après les cavernes et les mégalithes de la préhistoire, on rencontre à *Goudargues* les restes d'une abbaye fondée au IXe siècle par Guillaume d'Aquitaine; l'ancienne abbatiale, devenue église paroissiale, date du XIIe siècle, et la chapelle Saint-Michelet, en ruine, doit être carolingienne.

L'ancienne *chartreuse de Valbonne*, au cœur de la forêt du même nom, est transformée en hôpital. Fondée en 1203, elle fut ravagée par les huguenots et reconstruite aux XVIIe et XVIIIe siècles. Ses jolis toits de tuiles vernissées, son immense cloître dans lequel méditaient autrefois les pères chartreux, et surtout l'église baroque, décorée avec une somptueuse exubérance, méritent une visite. ■

Annonay et le parc du Pilat

À la pointe nord de l'Ardèche, l'industrielle *Annonay*, où les frères Montgolfier firent voler, en 1783, le premier aérostat, est étagée sur un promontoire, au confluent de deux torrents, la Deûme et la Cance. Au sud-est, la bouillonnante Cance s'enfonce dans une vallée boisée, aux flancs escarpés, balisée par les 40 m de la roche Péréandre, tandis que, au nord-ouest, la Deûme remonte en lacets vers *Bourg-Argental*, ancienne ville forte du Forez et « porte » du parc naturel régional du Pilat.

Le *massif du Pilat* occupe la plus grande partie des 60 000 ha du parc. Cerné par d'importantes concentrations urbaines (Saint-Étienne, Saint-Chamond, Lyon, Vienne, Annonay), c'est une

▲ *Le crêt de la Perdrix,
point culminant
du massif du Pilat.*

*Au pied des maisons de Labeaume,
on aperçoit le pont sans parapet*
▼ *que la rivière recouvre à chaque crue.*

n ascenseur conduit au niveau des salles, où des volées de marches [pe]rmettent la visite d'invraisemblables constructions de calcite — la [po]mme de pin, haute de 12 m, la Tour de Pise, qui a 4,50 m de [di]amètre, la Baïonnette, en porte à faux... — dont la fantaisie et la [be]lle justifient le classement de l'aven parmi les sites protégés de [Fr]ance.

Les aménagements touristiques intéressent une faible partie seu[le]ment de la cavité, la moitié environ des salles découvertes en 1935 [par] le célèbre spéléologue R. de Joly (1887-1969). À l'entrée de l'aven, [un] buste en bronze rappelle son souvenir, et son cœur repose au fond, [dan]s une urne d'argent, comme il l'avait souhaité.

Depuis que le gouffre a été ouvert au public (1939), de nouvelles investigations ont quintuplé les portions reconnues des galeries. Ce réseau, baptisé *Nouvel Orgnac*, est tout aussi grandiose que l'« Ancien ». Sa Grande Barrière, faite de pilastres géants, alignés comme les barreaux d'une grille, est un des grands spectacles souterrains de la nature. La commune d'Orgnac, propriétaire et exploitante de l'aven, n'envisage pas, pour le moment, d'ouvrir ces prolongements au public. On ne peut que le regretter.

Non loin de là, dans ce bois de Ronze criblé de cavités, un autre aven est aménagé, celui de *la Forestière*. Découvert en 1966, ouvert au public trois ans plus tard, ce gouffre, aux dimensions moins impressionnantes que celles de son prestigieux voisin, présente d'intéressantes floraisons de concrétions en chou-fleur.

inappréciable réserve de verdure et d'air pur, un cadre rural où deux millions de citadins peuvent venir, en voisins, détendre leurs nerfs et oxygéner leurs poumons. On y trouve des forêts et des prairies, des fermes et des villages, des plans d'eau et une école de voile, 50 km de sentiers balisés, un centre de randonnées équestres, des sentiers d'observation de la nature, des foyers de ski, des gîtes ruraux, etc.

Destiné à la protection de la nature et de l'environnement, le parc s'efforce également de faciliter la vie des habitants de ses 42 communes, afin de limiter l'exode vers les villes, et toutes les activités artisanales (vannerie, poterie, fer forgé, tissage, etc.) sont encouragées et épaulées.

Si le parc tout entier constitue un merveilleux cadre de détente et d'excursions en moyenne altitude,

certains sites méritent une attention particulière, comme le *crêt de la Perdrix*, point culminant du massif (1 434 m), d'où la vue s'étend jusqu'aux monts Mézenc et Gerbier-de-Jonc, ou le *crêt de l'Œillon*, un des plus beaux belvédères de la vallée du Rhône, d'où l'on découvre les Alpes, les monts du Forez et ceux du Jura. Près du village de *Rochetaillée*, accroché au rocher entre deux ravins, sous les ruines d'un château féodal, le *gouffre d'Enfer* est impressionnant. *Malleval* est peut-être le plus pittoresque des vieux villages perchés, et il faut voir l'ancienne *chartreuse de Sainte-Croix-en-Jarez*, avec son portail classique flanqué de rébarbatives tours rondes, son enceinte fortifiée, son long « corridor » dallé, son église du XVIIe siècle et son vieux cloître. ∎

▲ *Au-dessus des tuiles rondes d'Aubenas, le clocher de l'église Saint-Laurent et le donjon à échauguettes du château.*

L'eau qui dort et l'eau qui creuse

En amont de Vallon-Pont-d'Arc commence la moyenne vallée de l'Ardèche. Frangée de sable blond, la rivière aux eaux d'émeraude prend ses aises et élargit ses méandres, formant une suite de bassins verdoyants, parsemés de vergers et de vignobles.

Au pied du rocher de *Sampzon*, colossale borne calcaire de 387 m, couronnée par les ruines d'un château d'où l'on découvre un immense panorama, le Chassezac et la Beaume confluent avec l'Ardèche dans un labyrinthe de canyons, au centre duquel se dresse le *mas de la Vignasse*. C'est une grosse ferme du XVIIIe siècle, qui appartint longtemps à la famille d'Alphonse Daudet et où l'écrivain passa des vacances dans sa jeunesse; le propriétaire actuel en a fait un musée en y réunissant de nombreux souvenirs de l'auteur des *Lettres de mon moulin*.

Dans les *gorges du Chassezac*, le torrent serpente sur un lit de cailloux, entre deux falaises stratifiées. À leur base, les yeux noirs des cavernes se multiplient. Une partie de l'eau s'y engouffre et ressort plus loin après avoir creusé un peu plus les assises des murailles. Sur la Beaume, le vieux village de *Labeaume*, plaqué contre le rocher, est très pittoresque, avec son pont sans parapets que la rivière recouvre à chacune de ses crues. C'est le point de départ d'une agréable promenade à pied dans les gorges : vers l'amont, le paysage se fait désertique; c'est le royaume de la pierre nue. L'été, le Chassezac et la Beaume, perdus au milieu d'un lit trop large, comme anémiés au pied de leurs falaises héroïques, paraissent bien maigres, mais ne vous y trompez pas : ces deux rivières n'ont guère changé depuis la lointaine époque où elles ont creusé ces canyons. Le Chassezac et la Beaume sont parmi les torrents dont les crues sont les plus violentes. À cause de la nature très fissurée des calcaires qui les environnent, l'énorme volume des précipitations que connaît ce secteur provoque une montée brutale des eaux, qui déferlent dans les gorges. En quelques minutes, ces berges aux cailloux desséchés peuvent être balayées par un flot limoneux, dont la fureur ne laisse aucun doute sur la puissance érosive de ces torrents et explique parfaitement la largeur des défilés.

En remontant le cours de l'Ardèche, qui se dirige maintenant vers le nord, on flâne de village en village. *Ruoms* d'abord, à l'entrée d'un impressionnant défilé aux falaises striées horizontalement; les maisons médiévales et l'église romane du vieux bourg sont entourées d'une enceinte flanquée de tours. *Balazuc*, surtout, une bourgade toute blanche, à moitié bâtie, à moitié creusée dans le roc, en face d'un rocher isolé qui porte encore un donjon du XIIe siècle; ses venelles escarpées se faufilent comme elles le peuvent entre les maisons aux tuiles roses, quand elles ne passent pas dessous. *Vogüé*, enfin, adossée à la falaise sous les ruines de sa forteresse féodale et

dominée par l'imposant château, encadré de tours rondes, qui a remplacé celle-ci au XVIe siècle; le long de la rivière, il reste une partie des remparts du Moyen Âge. Aux environs, dans un cirque sauvage de roches blanches auxquelles s'accroche une maigre végétation, le village abandonné de *Rochecolombe* dresse au bord d'un torrent ses maisons en ruine, les vestiges de son château et le campanile ajouré de sa chapelle romane, mais le cadre est si beau, l'ambiance si sereine et la lumière si chantante qu'il ne s'en dégage aucune nostalgie.

Un éventail d'excursions

Au nord d'*Aubenas*, capitale économique du bas Vivarais, plantée sur une colline dans le coude de l'Ardèche qui remonte brusquement vers l'ouest, *Vals-les-Bains* s'étire au fond de l'étroite vallée de la Volane, étranglée entre deux éminences couvertes de châtaigniers. Cette séduisante ville d'eaux possède une curiosité naturelle très rare : une source intermittente, qui jaillit à heures fixes, quatre fois par jour, d'une cuvette de prismes basaltiques. Indépendamment du charme de son site très boisé, Vals-les-Bains constitue un remarquable centre d'excursions.

Vers le *massif du Tanargue* d'abord, chaos de reliefs volcaniques, sauvage et déchiqueté, au carrefour des monts du Vivarais, du Velay et des Cévennes. Les coulées de basalte y découpent des orgues impressionnants, les torrents s'y encaissent dans des gorges ravinées, les pentes se couvrent de sapins. Le *col de Meyrand*, à 1 371 m d'altitude, offre un remarquable point de vue sur cette région très accidentée.

Au nord de cette âpre montagne, la haute Ardèche a creusé sa vertigineuse troué. Ici, la rivière n'est encore qu'un torrent dégringolant des sommets de cascade en cascade, dans une vallée profonde, jalonnée d'austères ruines médiévales et de villages souriants, entourés de vergers. Le plus connu de ces derniers est *Thueyts*, à cause de son pavé des Géants (une colossale coulée de basalte aux parois noires, verticales comme des remparts), de ses prismes gigantesques, de sa cascade de la Gueule d'Enfer et de son pont du Diable qui, depuis le Moyen Âge, enjambe l'Ardèche avec une grâce pleine d'audace.

Coulées volcaniques encore près de *Montpezat-sous-Bauzon*, où la colonnade prismatique de l'éperon de Pourcheyrolles est couronnée par les ruines d'un château féodal; à *Antraigues*, perchée à 70 m de hauteur sur un bloc de basalte; au *Ray-Pic*, où la Bourges — le torrent dont le fleuve de lave emprunta jadis la vallée — se jette dans le vide du haut d'une plate-forme basaltique, dans un site d'une sauvage grandeur.

Le chapelet de l'histoire ardéchoise

Le passé de l'Ardèche est inscrit dans ses sites. L'histoire, ici, plonge ses racines au plus lointain du temps.

Dans le canyon même de l'Ardèche, les parois de la *grotte d'Ebbo* (ou Ebbou) portent le plus bel ensemble d'art paléolithique de la région rhodanienne. Les bisons, les cerfs et les chevaux gravés dans le calcaire avec un art consommé remontent à quelque 12 000 ans av. J.-C. (On ne visite pas.)

Les vestiges retrouvés au fond de certains gouffres et les mégalithes du plateau des Gras témoignent d'une colonisation ancienne. Les plateaux étaient alors relativement peuplés, et la technique de l'écobuage (qui consiste à brûler la végétation pour fertiliser le sol) n'est peut-être pas étrangère à leur désertification.

Près de la résurgence de *Bourg-Saint-Andéol*, une stèle au dieu Mithra, sculptée dans le rocher, pose un jalon romain dans l'histoire locale. Elle révèle la présence en Ardèche, au IIIe siècle av. J.-C., de légionnaires revenant des provinces asiatiques de l'Empire, la tête emplie des religions de l'Orient.

Avec l'abbaye de Goudargues et la chartreuse de Valbonne, peut-être aussi avec la maladrerie des Templiers, isolée dans un méandre de l'Ardèche, se manifeste la volonté des congrégations religieuses médiévales de christianiser les lieux que leur relief rendait moins hospitaliers, tandis que les ruines de nombreux châteaux forts rappellent un Moyen Âge plus guerrier. ■

▲ *Vogüé : un manoir Renaissance a remplacé la vieille forteresse médiévale.*

Saccagé au XIXe siècle, le château de Boulogne ▼ *qui avait survécu à la Révolution.*

Dans cette région où chaque éperon de rocher porte les vestiges [d']un château, deux forteresses méritent une mention spéciale. Au [no]rd-est de Vals-les-Bains, le *château de Boulogne,* embelli au cours [de]s siècles, mais ravagé vers 1820, offre, au sommet d'un piton [ver]doyant, le curieux contraste de ruines féodales encore imposantes et d'un somptueux portail Renaissance aux colonnes torses. Au sud-est, la place forte de *Mirabel* n'a conservé de son château qu'un donjon carré, dressé sur une plate-forme basaltique, mais le village a toujours son enceinte et ses tours, et le site, au pied d'une falaise de lave, est un excellent belvédère sur le bas Vivarais.

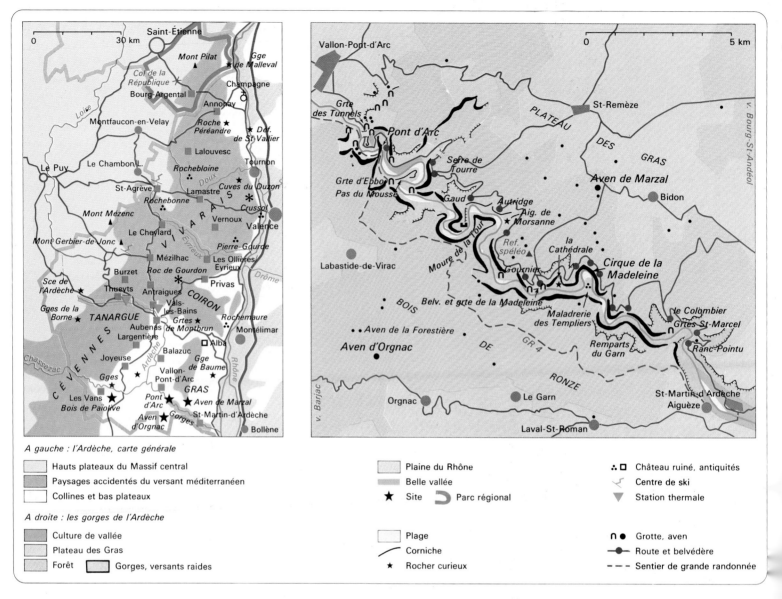

A gauche : l'Ardèche, carte générale

	Hauts plateaux du Massif central
	Paysages accidentés du versant méditerranéen
	Collines et bas plateaux

A droite : les gorges de l'Ardèche

	Culture de vallée
	Plateau des Gras
	Forêt — Gorges, versants raides

	Plaine du Rhône
	Belle vallée
★	Site — Parc régional
	Plage
	Corniche
★	Rocher curieux

	Château ruiné, antiquités
	Centre de ski
▼	Station thermale
∩ ●	Grotte, aven
	Route et belvédère
- - -	Sentier de grande randonnée

Promenade en haut Vivarais

Longue coulée de basalte dont les falaises noires dominent la vallée du Rhône, le plateau du Coiron (ou des Coirons) dresse, entre bas et haut Vivarais, la barrière de ses landes pelées, désertiques, dont seuls quelques troupeaux de moutons animent les vastes ondulations. Par l'intermédiaire du Champ de Mars, il rejoint les monts du Vivarais, et les deux moitiés du département sont ainsi séparées par une traînée volcanique continue.

Pour cracher un tel fleuve de lave, il fallut de puissants cratères, mais l'érosion les a presque tous fait disparaître. Le beau *lac d'Issarlès*, dont les eaux de saphir occupent l'un d'eux, permet néanmoins, avec ses 5 km de tour et ses 128 m de profondeur, de se faire une idée de leurs dimensions. Du sommet du *mont Mézenc* (1 754 m), à la limite du Velay, on découvre un spectacle immense, jusqu'aux monts du Forez et du Lyonnais, jusqu'à la croupe arrondie du puy de Dôme, avec l'énorme meule du *mont Gerbier-de-Jonc* toute proche et, au loin, par temps clair, la chaîne entière des Alpes, depuis le massif du Mont-Blanc jusqu'au Ventoux.

Au nord-est de ce rempart, *Privas*, chef-lieu du département et capitale du marron glacé, a encore un aspect méridional avec ses maisons blanches et ses tuiles rondes. Au nord-ouest, *Saint-Agrève*, à 1 050 m d'altitude, est déjà une station de sports d'hiver. C'est aussi une petite ville active, dotée d'une vue magnifique sur le mont Mézenc, et une station d'été située au cœur de la région la plus touristique du haut Vivarais : *les Boutières*. Ce massif granitique, qui fait partie des Cévennes, forme à l'ouest, du côté du Velay, une série de hauts plateaux dénudés, balayés par les vents, tandis qu'à l'est, sur

le Vivarais, des vallées encaissées, aux torrents capricieux, abritent une végétation presque méditerranéenne. Sur le versant occidental, *Fay-sur-Lignon*, accrochée à un piton rocheux jailli des pâturages, est une bourgade de montagne dont les vieilles maisons aux toits de lauzes se blottissent frileusement les unes contre les autres devant un magnifique panorama. *Saint-Clément*, qui domine la haute Saliouse, a également une très belle vue sur les monts Mézenc et Gerbier-de-Jonc, et, en descendant la vallée, on voit bientôt apparaître des vergers. Sur le versant oriental, le *château de Rochebonne*, bâti face au mont Mézenc et au plateau du Coiron, sur un éperon rocheux, dans un site sauvage planté de pins et de bruyères, est en ruine. Le donjon, complètement séparé du château avec lequel il ne communiquait que par un pont-levis, se dresse sur un rocher isolé au pied duquel cascade un ruisseau.

Les amateurs de vieux châteaux exploreront avec profit les alentours de *Lamastre*, petite cité industrielle située à l'est de Saint-Agrève, au centre du bassin du Doux, et dominée par les ruines d'un château du XIIIᵉ siècle. Ruines aussi à *Rochebloine*, face à un très beau site du haut bassin du Doux. Au sud de Lamastre, *Maisonseule* est encore solide; la plupart des bâtiments sont du XVIIᵉ siècle, mais le donjon auquel ils se raccordent est du XIIIᵉ, en dépit de ses fenêtres à meneaux percées au XVᵉ siècle. Près de Vernoux-en-Vivarais, *Vaussèche* (XVᵉ-XVIᵉ s.), avec ses deux hautes tours, son aile Renaissance et ses cheminées monumentales, paraît intact, mais il n'a pas la grandeur farouche des ruines voisines du château de la Tourrette, dont le donjon délabré, mais toujours imposant, se dresse dans un site sauvage, sur un éperon planté au carrefour de deux gorges encaissées.

*I*ndex

Les lettres placées devant l'indication des pages renvoient aux chapitres suivants :

MB (Dômes, aiguilles et glaciers sur fond de neiges éternelles, le mont Blanc)
VAN (Hautes cimes et secrète nature, la Vanoise et l'Oisans)
SL (La Savoie des lacs)
VER (Terres farouches des Préalpes, le Vercors et la Chartreuse)
LYO (Lyon et l'église de Brou)
BVR (Le Beaujolais et la vallée du Rhône)
GA (Gorges de l'Ardèche et beautés du Vivarais)

Les pages sont indiquées en **gras** lorsqu'il s'agit d'une illustration, en *italique* pour le renvoi à la carte.